西南大学经济管理学院"双一流"建设学术专著

西南大学经济管理学院"百年梦·学科建设"专项出版项目

基础设施项目可持续建设方案决策模型研究

甘晓龙 著

西南大学出版社
国家一级出版社 全国百佳图书出版单位

图书在版编目(CIP)数据

基础设施项目可持续建设方案决策模型研究 / 甘晓龙著. -- 重庆：西南大学出版社, 2023.12
ISBN 978-7-5697-0862-2

Ⅰ.①基… Ⅱ.①甘… Ⅲ.①基础设施建设—决策模型—研究—中国 Ⅳ.①F299.24

中国版本图书馆CIP数据核字(2021)第104909号

基础设施项目可持续建设方案决策模型研究
JICHU SHESHI XIANGMU KECHIXU JIANSHE FANGAN JUECE MOXING YANJIU

甘晓龙 著

责任编辑	熊家艳
责任校对	李　玲
装帧设计	观止堂_未氓
排　　版	杜霖森
出版发行	西南大学出版社
	重庆·北碚　　邮编：400715
印　　刷	重庆三达广告印务装潢有限公司
幅面尺寸	185mm×260mm
印　　张	9
字　　数	230千字
版　　次	2023年12月第1版
印　　次	2023年12月第1次印刷
书　　号	ISBN 978-7-5697-0862-2
定　　价	49.00元

目录

1 绪论 ··001
　1.1 研究背景与问题的提出 ···001
　1.2 研究目的和意义 ··007
　1.3 研究视角和思路 ··009
　1.4 研究对象、内容和方法 ···011

2 基础理论分析与述评 ··017
　2.1 利益相关者理论 ··017
　2.2 可持续建设理论 ··028

3 基于利益相关者的基础设施项目可持续建设方案决策框架 ······039
　3.1 基础设施项目可持续建设方案 ····································039
　3.2 利益相关者参与可持续建设方案决策的必要性 ········040
　3.3 利益相关者参与过程 ··042
　3.4 利益相关者参与可持续建设方案决策的特点 ············045
　3.5 利益相关者参与可持续建设方案决策的原则 ············046
　3.6 基于利益相关者的可持续建设方案决策过程 ············047
　3.7 本章小结 ··048

4 基础设施项目可持续建设中的利益相关者识别和分析 ···········049
　4.1 基础设施项目可持续建设中的利益相关者的识别 ····049
　4.2 项目利益相关者集成分析框架 ··································051
　4.3 基础设施项目可持续建设中利益相关者的实证分析 ···057
　4.4 本章小结 ··070

5 基于利益相关者的基础设施项目可持续建设满意度研究 ·············· 071
5.1 利益相关者满意度 ············ 071
5.2 基础设施项目可持续建设满意度影响因素识别 ············ 072
5.3 基础设施项目可持续建设满意度影响因素实证分析 ············ 078
5.4 本章小结 ············ 094

6 利益相关者与可持续建设实施的关系研究 ············ 095
6.1 研究假设 ············ 095
6.2 研究方法 ············ 097
6.3 变量的测量 ············ 101
6.4 结构方程模型检验与分析 ············ 105
6.5 本章小结 ············ 111

7 基于利益相关者的基础设施项目可持续建设方案决策研究 ············ 113
7.1 基于利益相关者的可持续建设方案决策模型 ············ 113
7.2 基于利益相关者的可持续建设方案决策方法 ············ 118
7.3 本章小结 ············ 130

8 结论与研究展望 ············ 131
8.1 研究结论 ············ 131
8.2 研究创新点 ············ 133
8.3 后续研究展望 ············ 133

主要参考文献 ············ 135

1 绪论

1.1 研究背景与问题的提出

1.1.1 研究背景

改革开放以来,伴随着经济社会的快速发展,我国的基础设施建设取得了显著成绩。根据国家统计局公布的数据,2013年全社会固定资产投资为1985年的176倍,2013年部分基础设施投资为1985年的287倍。其中,铁路营业里程由1949年的2.18万公里增加至达到2012年的9.8万公里,位居世界第二;公路总里程由1949年的8万公里增加至2012年的423.75万公里,2012年高速公路通车里程达到9.6万公里,位居世界第一;邮电通信业发展迅猛,累计投资由1978年的4.1亿元增加至2008年的3128.0亿元,固定电话网、移动电话网和互联网规模都达到世界第一。目前,我国已经构建了铁路、公路、民用航空、水运和管道组成的综合交通运输网络,农业、能源、原材料供给能力迈上新台阶,完善了城市环境、公共设施管理和服务体系。2014年,《国家新型城镇化规划(2014—2020年)》正式颁布,有1亿左右农业转移人口和其他常住人口在城镇落户。在此背景下,作为城市正常运行和健康发展的物质基础,我国的基础设施仍存在总量不足、标准不高等方面的问题,其仍是新型城镇化战略的重要组成部分。根据《国家新型城镇化规划(2014—2020年)》的要求(见表1.1),基础设施建设将是今后各地政府的重点工作内容。

表1.1 新型城镇化基础设施建设主要指标

新型城镇化基础设施建设主要指标	2012年	2020年
百万以上人口城市公共交通占机动化出行比例(%)	45*	60
城镇公共供水普及率(%)	81.7	90
城市污水处理率(%)	87.3	95
城市生活垃圾无害化处理率(%)	84.8	95
城市家庭宽带接入能力(Mbps)	4	≥50
城市社区综合服务设施覆盖率(%)	72.5	100

注：带"*"为2011年数据。

基础设施项目具有工程量大、投资额度高、建设周期长、技术难度高、涉及企业多、投资风险大等特点，项目的建设和运行对国民经济、行业发展以及所在地区的经济、环境和社会产生重大而深远的影响。尽管学者们已经意识到基础设施建设与可持续发展存在紧密联系，而如何将可持续发展的思想和原则融入基础设施项目建设过程中一直是学者和实践者探讨的热点话题。(任凯，2008；毛晔，2009；甘琳等，2010)1994年，Kibert博士在第一届可持续发展国际会议中提出了可持续建设的概念，强调用可持续发展的思想和原则来指导项目的建设和运营。(Kibert，1994)基础设施项目实施可持续建设的目的是提高项目的可持续性表现，并追求经济、环境和社会三方面表现的和谐与统一。(Shen et al.，2010)目前，推动可持续建设是世界各国面临的一大挑战，尤其是发展中国家，他们往往重视经济发展而忽略了环境保护，从而导致项目建设过程中出现了大量的不可持续问题，例如环境破坏、大气污染、资源消耗过快等。(Plessis，2007)

1997年，我国政府将可持续发展作为基本发展战略，同时也出台了大量的政策、法规、标准等措施来推动可持续建设的实施，令人遗憾的是可持续建设仍处于初步发展阶段。(Sha et al.，2000；毛小平等，2012；Shi et al.，2013)我国新型城镇化战略明确提出要走以人为核心、绿色、循环、低碳的发展路径，这意味着可持续发展的思想和原则已经融入城镇化进程中。Golubchikov & Badyina(2012)认为新型城镇化会引发大量的建筑物以及基础设施建设，这为推动可持续建设实施带来良好的机遇。首先，实施可持续建设可以避免发达国家以前经历过的问题，比如环境恶化、资源浪费等问题，确保新建项目的可持续性表现。(Plessis，2007)其次，大规模基础设施建设为更新建筑材料和技术提供了机遇，同时还是重新评估传统的建设方法、管理模式和价值的最佳机会。(CIB，2002)

(1)我国基础设施项目实施可持续建设的紧迫性

首先，基础设施项目存在投资盲目性的现象，造成严重的经济浪费。比如，我国每年新建大型发电厂数个，有的根本发不了电，有的发电量是计划的1/4而投资却是原计划的数倍(任凯，2008)；投资60亿修建的，号称当时全国最大、最先进的珠海机场，每天起飞几个航班,旅客吞吐量仅有63万人,离当初的设计目标每年1200万人次相差甚远,每年亏损7000多万元。

其次,基础设施项目建设带来严重的社会问题。过去50多年,我国工程建设带来的移民数量高达4000万,水利移民1200万,交通移民940万,城市建设移民2350万。由于我国的农村土地相关制度的缺陷,导致移民的基本权益难以得到保障,同时,我国工业化进程低于城镇化进程,导致他们在城市中就业困难,同时无法享受与城市居民同等的社会福利待遇和社会保障待遇,成了真正的弱势群体。(刘华,2012)这些社会问题不仅给当地经济、社会和文化带来消极影响,同时还严重损害了项目的公信度以及政府形象。

再次,我国长期偏重生产性和营利性的经济类基础设施建设,导致社会性基础设施如文化、卫生、教育等基础设施投资短缺,而且城市环境保护基础设施也存在投资不足现象,严重影响当地居民的生活质量。(储敏伟等,2003;任凯,2008)比如,2008年南方发生的雪灾和2012年北京的雨患以及近几年周边城市大面积雾霾就充分暴露了当下我国大型城市环境保护以及防灾、减灾能力上的严重脆弱。

最后,在我国基础设施项目建设过程中,普遍存在高能耗、高成本、高污染的问题。周君(2013)指出基础设施项目的这种高能耗、高成本、高污染的建设模式与建筑业的发展方式密切相关。中国建筑业消耗了全世界40%的水泥和钢材、30%的土地资源,温室气体排放量占全社会的25%,产生的建筑垃圾占城市生活垃圾数量的30%到40%,同时新建建筑还产生30%的大气污染、光污染以及电磁污染。(Liu et al., 2012, Shi et al., 2012)项目建设过程中对产生的污水随意排放,不仅污染水环境,还影响城市排水防涝,对周围生态环境造成严重破坏,严重时导致水土流失。(李振杰,2011;张建国,2009)

(2)项目决策阶段工作缺乏对可持续性的探讨

可持续建设是一个极其复杂的大系统,涉及项目的前期策划、设计、施工、运营和拆除等各个环节,这些环节环环相扣,相互影响。(施骞,2007)相对于其他阶段的活动,决策阶段的活动作为项目进行可持续性设计、施工、运营等后续工作的基础,对项目实施可持续建设的影响最为关键。郑小晴(2005)在其博士论文《建设项目可持续性及其评价研究》中明确指出,在项目实施之前没有深入研究项目可持续性问题,是项目后续过程出现"不可持续性问题"的最根本原因。在我国基础设施项目建设过程中,存在大量的"钓鱼工程""条子工程"以及"形象工程"等。同时,还出现缺乏专家论证等现象,甚至不进行科学的项目论证,匆忙上马项目,造成了严重的经济浪费、社会问题以及环境问题。

1958—2001年我国投资项目失误率接近投资项目总数的50%,资金浪费高达4000亿到5000亿。(乐云、李永奎,2011;郑宪强,2010)2009年广州市番禺区生活垃圾焚烧发电厂项目,由于项目选址位于人口稠密的居住区,当地居民担心项目会对生活和生态环境造成巨大破坏,遭到周围居民的强烈反对,引发了当地居民的抗议活动,造成了严重的社会不良影响。国家投资27亿元,银行利息累计达32.28亿元建设的福州长乐国际机场,运营后亏损严重,4年负债达30多亿元。2002年经过国家审计署审计后,认为项目决策不科学是造成该项目亏损的直接原因。三门峡水电站项目的决策者在决策时缺乏对项目环境的影响的思考,造成环境日益恶化,使得水库发电和上游泥沙淤积之间形成了尖锐矛盾,导致黄河中游的重要支流渭河变成悬河,多次发生水灾,沿岸民众受灾严重。总体上来讲,我国基础设施项目决策过程存在如下问题。

①方案编制中的问题。

现行的法律、法规对项目可行性研究编制责任人没有足够的制约条款,一些可行性报告编制责任人无视国家利益,往往根据上级领导的意志左右报告结论,在报告编制中具有很大程度上的随意性。(杜鹏,2000)同时,编制单位的随意性导致项目方案在内容上的不完整,比如,缺乏国家和地区的长远规划和产业政策,缺乏自由报告,没有设备的咨询价格资料、定额和标准;有的还存在体系不全,缺少应设的篇章,比如缺少节能、环境保护、建设进度等篇章,甚至还缺乏方案比选,只给出唯一的选址方案、设计方案和技术方案等。(唐玉姣,2004)

②方案论证中的问题。

在基础设施项目方案论证过程中,仍以经济分析为主,论证的内容集中在项目的财务问题上,缺乏对长期社会经济效益的思考,导致方案论证中缺乏对经济、技术的系统分析,只进行财务分析,注重局部、近期效益;再次,在论证中采用过期作废的标准,有的只进行静态分析,不做动态分析。(肖立瞬,2006;杜鹏,2000)同时,在当前的公共建设项目中存在"绩效工程""形象工程"等现象,这些项目追求外形的视觉冲击、标新立异和与众不同,忽视对项目的经济合理性、技术可行性等进行论证,导致严重的投资浪费,甚至对国家经济造成危害。(王瑞学,2010)

③决策过程的问题。

政府不光在基础设施项目决策阶段拥有公认的核心影响力,同时在决策实施阶段以及实施之后的评价阶段也拥有影响力。(谢琳琳、杨宇,2012)正是由于政府拥有这样的影响力,所以其正确的决策很重要。一旦决策目标偏离项目的社会公共性,在决策过程中盲目追求形象工程,背离民众利益,将会导致社会大众的需求得不到满足。同时,社会公众也严重缺乏项目的相关信息。尽管一些项目举行了听证会,然而多数的听证会流于形式,没有起到任何实质性的作用。

(3)利益相关者参与项目决策过程的重要性

利益相关者参与是可持续建设实施过程的基本原则。(Hill & Bowen,1997)

首先,可持续建设打破了传统的项目目标,强调在全生命周期内提升项目整体价值,即满足项目利益相关者的需求。(陈建国、孟春,2009)利益相关者的参与为识别出利益相关者的需求,清楚地界定出可持续建设的目标奠定基础。其次,利益相关者是可持续建设活动的实施主体。利益相关者参与过程是一个相互交流和学习的过程,同时也是知识创造过程。(Kates,2001)不同利益相关者所拥有的知识结构存在差异,具有多样性的特征。对这些知识进行交流和集成,不仅能够解决可持续建设过程中的难题,还能就可持续建设实施过程中的具体改进措施、方法以及技术等方面的内容达成一致。(Gray et al., 2012;陈建国、孟春,2009;NRC, 2008)利益相关者参与项目可持续建设的阶段越早,越有利于可持续建设的实施。总体上来讲,利益相关者参与项目可持续建设决策过程的重要性主要体现在以下几个方面。

①提高决策的公平和公正。

可持续建设强调公平和公正原则,然而这里的公平和公正包括现在和未来之间的公平和公正、国家之间的公平和公正,还包括地区之间和群体之间的公平和公正。不同的利益相关者代表了不同的群体,这些群体可能来自不同的国家、不同的地区,甚至还代表了未来的群体。利益相关者参与决策过程,表达出他们对项目的需求和期望,并积极实施他们的公民权利,将极大提高决策过程的公平和公正。(Fageha & Aibinu,2013)决策过程的公平和公正能够对他们的态度和行为产生深远的影响,确保可持续建设的顺利实施。(Aibinu, 2006)

②提高决策结果的接受程度。

Kiran et al.(2013)对美国密苏里州的铁路项目可持续建设决策中的利益相关者参与进行实证研究后发现,项目成功实施主要依靠的是利益相关者决策的一致性和支持。利益相关者对可持续建设有不同的观点、需求、价值观。通过构建一个透明、公正的决策过程,能够增加利益相关者对决策过程的信任,以促进利益相关者理解并接受相互不同的观点、需求、价值观,提高决策结果的可接受性并最终形成一致性的决策结果。同时,基于不同利益相关者的观点、需求、价值观得到的决策结果,能够增强不同利益相关者的主人翁意识,并对决策结果长期支持和积极实施,将大大减少项目实施过程中的成本。(Stringer et al.,2006; Reeds,2008)

③提高可持续建设的意识。

Berardi(2013)通过案例分析发现利益相关者有权选择节能技术,却没有兴趣在具体项目中采用节能技术。利益相关者是可持续建设实施的主体,需要他们转变传统的行为方式,而意识则是行为转变的关键。由于可持续建设的益处需要更长时间才能显现,与传统的短期目标严重冲突,从而造成利益相关者可持续建设意识缺乏,对可持续建设认识不足。利益相关者参与的项目决策过程是一个相互学习和交流的过程,能够增强他们对可持续建设的认识和了解程度,从而提高可持续建设意识。(Juliette et al.,2013)

④集成利益相关者信息。

利益相关者参与过程本身就是一个信息集成的过程。利益相关者在可持续建设中的经验和教训、技术和管理等方面信息的集成,不仅能够优化项目可持续建设方案,同时,还能减少项目可持续建设实施过程中的冲突和矛盾。(Ircin & Stansbury,2004; Konisky & Beierle,2001)利益相关者参与决策的过程中所提供的信息不仅包括他们的经验、技能等,还包括他们自身对项目的需求。这些信息能够帮助项目可持续建设方案编制,还能有助于优化方案并促进方案的顺利实施。

⑤满足当地的需求。

Idalina et al.(2013)对葡萄牙的SÃO DOMINGOS煤矿项目进行案例分析,最后发现利益相关者的参与能够为项目提供当地居民的需求和期望、实际的社会和经济发展水平等信息,为项目结合实际状况来实现可持续发展目标奠定基础。在决策过程中将这些信息融入决策结果中,能够确保项目在决策等阶段的活动能够优先满足当地的需求和期望,同时还能促进对当地传统文化以及环境的保护。(Dougill et al.,2006)因此,利益相关者参与可持续建设决策过程,能够促进项目方案更好地根据当地的社会、文化、环境、技术等条件做出改变,从而有助于方案的顺利实施。(Reeds,2008)

1.1.2 研究问题

在我国新型城镇化进程中,基础设施项目实施可持续建设具有紧迫性和必要性。利益相关者参与基础设施项目决策阶段活动不仅能解决现有项目决策中存在的问题,同时还能就可持续建设相关问题达成一致,有助于可持续建设的顺利实施。可持续建设方案是根据可持续建设目标制订的如何实施可持续建设活动的规划,而可持续建设方案决策则是可持续建设实施过程中的重要内容。利益相关者既作为可持续建设的目标又作为相关活动的实施主体,是可持续建设方案顺利实施的关键,将他们纳入基础设施项目可持续建设方案的决策过程则显得十分必要。基础设施项目可持续建设涉及的利益相关者众多,不同利益相关者对可持续建设的重要性和影响力不同,同时,他们对可持续建设的需求存在差异,导致他们在方案选择中存在差异。因此,在利益相关者参与基础设施项目阶段活动中,如何进行可持续建设相关方案决策将是本书研究的科学问题。

利益相关者共同参与基础设施项目决策阶段活动,其实质为利益相关者管理问题。对于利益相关者而言,需求的满足是他们实施项目活动的主要动力,一旦需求未得到满足,他们将会采取措施来对项目的决策或者实施过程产生影响。利益相关者管理通常是在对利益相关者进行识别和分析的基础上,采取有区别的措施来满足他们的需求,从而赢得他们对项目的支持,以此确保项目目标的实现。利益相关者管理的思想能够为解决本研究所提出的科学问题提供很好的指引。基于此,本书将借鉴利益相关者管理的思想,对研究问题展开研究。要解决这个科学问题,需要重点对以下四个关键问题进行分析:①利益相关者的识别和分析;②利益相关者满意度分析;③利益相关者如何影响可持续建设实施;④如何进行可持续建设方案的决策。

1.2 研究目的和意义

1.2.1 研究目的

本书针对如何推动可持续建设在基础设施项目实施的问题,从利益相关者参与的视角构建了基础设施项目可持续建设方案决策模型。通过借鉴利益相关者理论、可持续建设理论以及多属性群决策理论,本书对利益相关者如何参与基础设施项目可持续建设方案决策展开研究,以完善现有利益相关者参与过程的研究缺陷,揭示出利益相关者对可持续建设方案设施的影响机理,从而为推动基础设施项目实施可持续建设提供思路。

1.2.2 研究意义

(1)为基础设施项目可持续建设活动的实施提供思路

基础设施项目与可持续发展存在紧密关系,而如何推动可持续建设在项目中的实施是目前世界各国都面临的难题。可持续建设强调将可持续发展的思想和原则融入全生命周期各个阶段活动中,而现有的研究中严重缺乏对项目决策阶段的可持续建设实践活动的探讨。决策阶段的活动是项目后续可持续建设实践活动的基础,其直接关系到项目最终的可持续性表现。本书针对我国基础设施项目决策阶段中存在的问题,提出利益相关者参与能够解决目前项目决策阶段中存在的问题。在对现有的利益相关者参与过程进行总结的基础上,结合利益相关者参与基础设施项目决策阶段活动的特点和原则,构建了基于利益相关者的可持续建设方案决策框架,为推动基础设施项目实施可持续建设提供指引。

(2)有助于深入理解基础设施项目可持续建设中的利益相关者

相对于传统建设项目,基础设施项目可持续建设涉及更多利益相关者,他们既作为可持续建设的目标,也是相关实践活动的实施主体,直接关系着可持续建设能否成功实施。通过利益相关者分析,能够增加对可持续建设中利益相关者的了解,有助于采取有效的利益相关者管理措施,从而提高可持续建设的实施水平。尽管利益相关者分析是项目管理领域中较为流行的管理工具,但是学者们对基础设施项目可持续建设中的利益相关者的分析却鲜有涉及。通过构建利益相关者集成分析框架,并根据该框架对集成设施项目可持续建设中的利益相关者进行实证分析,以了解他们的重要性、影响力以及满意度等方面的信息,能够为采用有效的措施来推动利益相关者实施可持续建设活动提供有效信息。

(3)有助于揭示利益相关者与可持续建设实践之间的关系

利益相关者是可持续建设实践活动的实施主体,如何采取有效措施促进利益相关者积极参与可持续建设的实施非常关键。利益相关者管理通常是在对利益相关者分析的基础上,采取有区别的管理措施,以赢得利益相关者对项目的支持。然而,利益相关者的分析维度将直接影响最终的利益相关者管理措施的有效性和合理性。尽管学者们目前从不同维度进行利益相关者分析,却从未对这些分析维度与项目实施绩效之间的关系进行探讨。本书根据所提出的利益相关者集成分析框架的分析维度,结合可持续建设实践活动的实施状况,探讨利益相关者与可持续建设之间的关系,以此揭示他们的关系机理,能够为采取有效的利益相关者管理措施提供参考。

(4)有助于完善项目利益相关者参与过程

目前,利益相关者共同参与项目十分重要是学者们的普遍共识,例如,有助于知识的集成、信息的交流、提高决策的可接受性等。学者们根据利益相关者管理的思想,针对不同项目构建出了不同的利益相关者参与过程,而这些过程中总体上包括利益相关者识别、分析、实施参与和评价四个步骤。对于这四个具体的步骤而言,学者们对利益相关者的识别和分析以及参与的评价方面的研究较多,而对利益相关者参与过程中的决策问题却未进行探讨。本书以基础设施项目可持续建设方案决策为研究对象,阐述了利益相关者参与方案决策的特点、原则,提出了利益相关者参与方案决策的方法,并构建出了基于利益相关者的基础设施项目可持续建设方案决策模型,为完善利益相关者参与过程提供方法和思路上的借鉴。

1.3 研究视角和思路

1.3.1 研究视角

本书在对具体的现实背景、基础设施项目决策阶段中的问题以及利益相关者参与的重要性方面进行总结的基础上，提炼出研究问题，从以下几个视角展开研究。

首先，立足于现有利益相关者参与相关研究成果，结合利益相关者参与方案决策的特点和原则，构建利益相关者参与基础设施项目可持续建设方案决策的框架，以此作为本论文研究问题的立足点。

其次，运用利益相关者识别和分析的方法工具，在对基础设施项目可持续建设利益相关者进行识别的基础上进行实证分析，为确定方案决策的参与者以及构建决策参与权重奠定基础。

再次，着眼于基础设施项目可持续建设满意度，识别基础设施项目可持续建设满意度影响因素，并对这些影响因素进行实证分析，为构建方案的评价准则提供参考。

然后，探讨利益相关者与可持续建设活动实施的关系，揭示他们之间的关系机理，为建立最终的方案决策模型提供依据。

最后，基于上述研究结论，构建基于利益相关者的基础设施项目可持续建设方案决策模型，并对其进行案例分析，以验证模型的合理性和可行性。

1.3.2 研究思路

结合上述的研究思路，本书开展研究的技术路线如下图1.1所示。

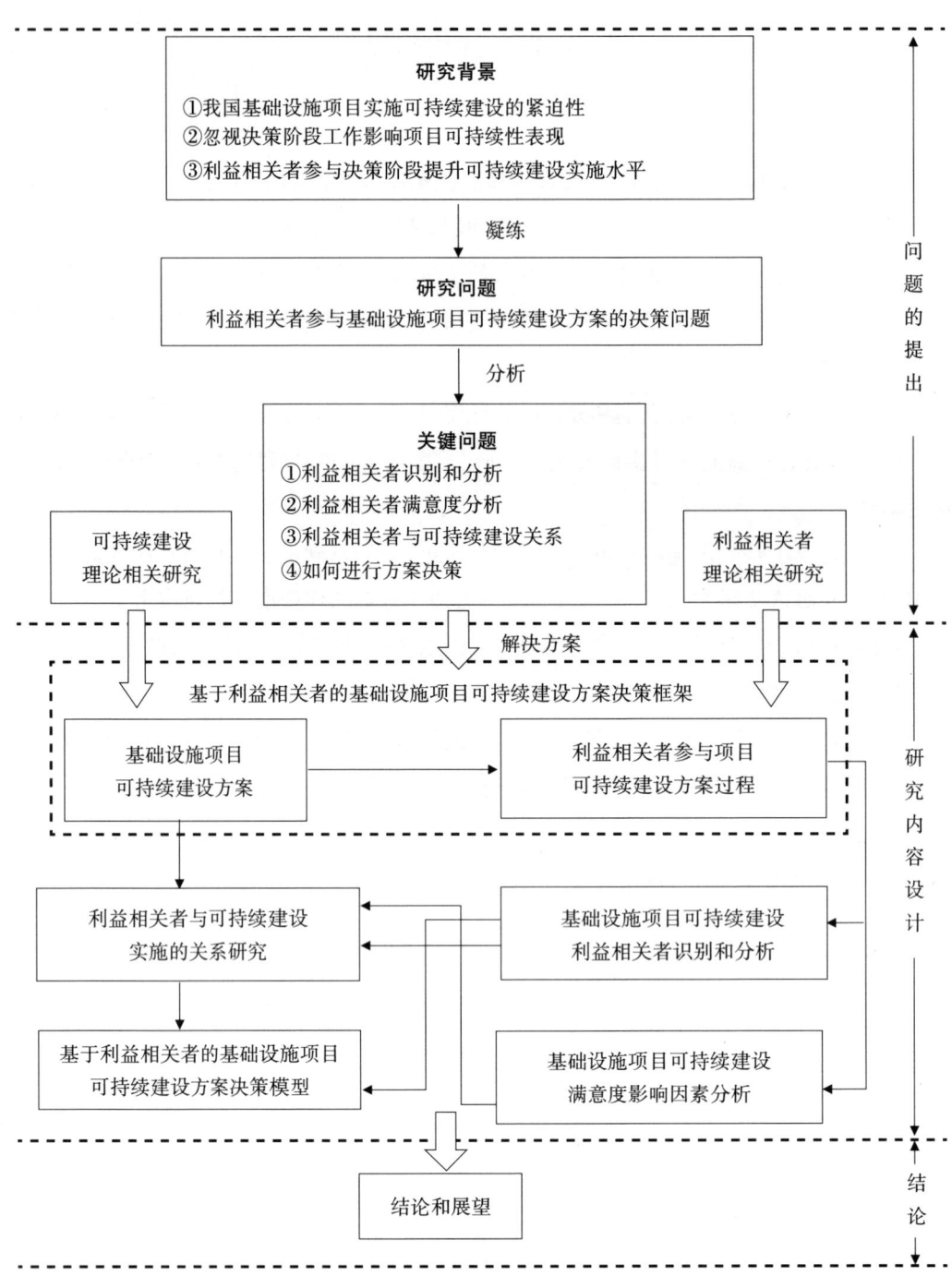

图 1.1 研究的技术路线图

1.4 研究对象、内容和方法

1.4.1 研究对象

本研究是在对现有利益相关者参与的相关研究进行总结和分析的基础上,提出基于利益相关者的基础设施项目可持续建设方案决策框架,通过对利益相关者进行识别和分析以及满意度的研究,结合对利益相关者与可持续建设活动实施关系的探讨,最终构建出基于利益相关者的基础设施项目可持续建设方案决策模型,为基础设施项目实施可持续建设提供参考。

本研究主要涉及以下几个基本概念。

(1)基础设施项目

基础设施(infrastructure)一词源于拉丁文"infra"(意为下层)和"structure"(意为结构、建筑物),是指在国民经济各行业中,为了满足生产和生活的需要而必须具备的基础结构和公共设施。(将时节,2005)"infrastructure"在1981年引入我国并将其翻译为"基础结构",即指向社会上所有商业生产部门提供的基本服务,这些服务包括运输、通信、动力、供水以及教育、研究、卫生等。1985年,我国城乡建设环境保护部召开的首次"城市基础设施学术研讨会"中,将城市基础设施定义为"既为物质生产又为人民生活提供一般条件的公共设施"。在世界银行组织发布的《1994年世界发展报告:为发展提供基础设施》中,将基础设施定义为永久性工程构筑、设备、设施和它们所提供的生产性服务,这些基础设施包括公用设施、公共工程以及其他交通系统。Prud(2005)在此基础上将基础设施做了进一步分类,如下表1.2所示。

表1.2 基础设施项目分类

服务项目	基础设施
交通	公路、桥梁、铁路、隧道、港口等
供水	大坝、蓄水池、水管等
水处理	下水管道、污水处理车间等
灌溉	大坝、水渠等
垃圾处理	垃圾箱、垃圾焚化炉等
供热	集中加热设备、供热管道等
电信服务	自动交换机、电缆等
能源	发电厂、输电线、煤气管道等

基础设施是城市与区域发展的基本要素,可以分为经济和社会两大类,其中,经济型基础设施是为满足城市功能的基本需求而建设的公共物品,而社会基础设施则是城市发

展的保障,更多是指医疗卫生、社会保障、文教等方面。在本研究中,基础设施项目更多是针对经济型基础设施。相对社会类型的基础设施项目建设,经济类型的基础设施项目建设对当地的社会、环境以及经济的影响更大,从而受到社会的广泛关注。同时,本研究针对的均是政府直接投资的基础设施项目,暂未考虑其他融资模式,例如,公私合作模式(PPP模式)。

(2)利益相关者

"利益相关者"一词最早出现在1708年,它表示人们在某项活动或某企业活动中的"下注(stake)",以及在活动实施或者企业运行过程中的抽头或赔本。(江若玫、靳云汇,2009)首次明确提出"利益相关者"概念的是斯坦福大学的一个研究小组(SRI),他们将利益相关者定义为没有他们的支持,组织将无法维持存在的一个团体。(Freeman,1984)Freeman(1984)在其著作《战略管理:一个利益相关者方法》中指出利益相关者与公司之间相互影响,并将利益相关者定义为那些影响公司目标或被公司目标影响的个人或团体。Cleland(1986)最早将利益相关者理论应用到项目管理领域中,由此引发了学者们对项目利益相关者管理的积极探索。

目前,利益相关者管理是工程项目管理中较为流行的工具,而识别出项目利益相关者则是进行利益相关者管理的首要步骤。在项目管理领域中对利益相关者的识别主要有广义的和狭义的视角。从广义的视角来界定项目利益相关者更多是基于Freeman(1984)的定义,以PMI(1996)为代表,即那些影响项目和被项目影响的个人和群体是项目利益相关者。然而,采用广义的视角界定项目利益相关者可能将所有的人都作为利益相关者,由此利益相关者理论则失去了价值。狭义的项目利益相关者则是通过明确的描述性词语来界定,例如在基础理论分析中所提到的"利益""贡献"以及"风险"等。尽管从狭义的视角界定项目利益相关者能够较为准确地识别出利益相关者,却可能将某些潜在的利益相关者遗漏,由此将不能全面识别项目利益相关者,会对项目顺利实施造成潜在的风险。

基础设施项目往往会对当地或地区的经济、环境和社会产生重大而深远的影响,而这些影响其实质上是不同利益相关者对项目的需求。Bourne(2009)指出项目利益相关者的需求未得到满足通常是项目失败的主要原因,同时,可持续建设已经将项目利益相关者需求的满足作为其基本原则之一。(Kibert,1994)基于此,本研究将采用广义的视角来界定基础设施项目可持续建设中的利益相关者,以便能够全面识别出基础设施项目的利益相关者是哪些,为构建可持续建设目标奠定基础。

(3)可持续建设方案决策

基础设施项目实施可持续建设是一项复杂的系统工程,必须遵循一定的程序,而对可持续建设方案进行科学的论证是可持续建设实施过程中的关键工作之一。一个科学、合理的可持续建设方案是确保可持续建设顺利实施的前提,为后续的活动提供有效的保证,例如可持续性设计、施工以及运营等。施骞(2007)指出可持续建设方案是根据项目的特点,在对项目周边环境进行充分调研的基础之上,提出项目可持续建设的目标,并制订出项目实施可持续建设在设计、招标、施工、运营等阶段的工作要点以及可持续建设实施过程中的技术难点、风险和应对措施。其中,项目的特点包括项目的资源需求、环境影响、能耗分析等,而项目的环境则包含当地的气候条件、水资源状况、清洁能源和可再生资源利用条件、当地的经济社会环境、社会治理以及政策法规等方面。

可持续建设方案决策涉及技术可行性、经济合理性、环境影响和社会效应等方面的论证,同时还需要对不同层次的方案进行论证,即从总体的建设方案的综合论证到具体的技术方案的论证。通过对基础设施项目可持续建设方案层层深入,包括对从场址选择、资源和能源利用、施工方案、招投标方案到总体方案进行全面的可持续性论证,形成具有指导性和可操作性的实施方案。可持续建设方案是根据所提出的可持续建设目标在实施过程中的具体细化,是对项目如何实现可持续建设目标而进行的详细策划。由于可持续建设已经将项目利益相关者需求的满足纳入其目标体系中,因此利益相关者参与可持续建设方案的决策显得尤为必要。同时,可持续建设实施中的技术方面的问题需要跨专业、多学科共同协作才能解决,仅从某一个或几个参与者的角度进行方案的决策则不能确保可持续建设目标的实现。基于此,本书将从利益相关者共同参与的视角来对基础设施项目可持续建设方案决策进行研究,以确保可持续建设的顺利实施。

1.4.2 研究内容

(1)构建基于利益相关者的基础设施项目可持续建设方案的决策框架

此部分研究内容是本论证展开研究的基础,其主要目的是识别出利益相关者参与基础设施项目可持续建设方案决策过程的具体步骤。首先通过对相关文献的总结,提出了可持续建设实践活动七个方面的内容,供构建可持续建设方案参考;然后,在总结出利益相关者参与过程的几个关键步骤的基础上,阐述了利益相关者参与基础设施项目可持续建设方案的必要性,并分析了利益相关者参与的特点和原则;最后,提出基于利益相关者的基础设施项目可持续建设方案的决策框架,并对各个步骤进行详细阐述。

(2)识别和分析基础设施项目可持续建设中的利益相关者

此部分研究内容的目的是要确定出基础设施项目可持续建设方案决策的参与者以及他们的决策权重。通过识别基础设施项目可持续建设中的利益相关者,在对"多维细分法"在项目管理领域中的应用总结的基础上,提出利益相关者集成分析框架,并对该框架中的部分维度进行实证分析,以确定基础设施项目可持续建设方案决策的参与者以及他们的决策权重。

(3)识别和分析利益相关者在可持续建设中的满意度影响因素

此部分研究内容的主要目的是构建可持续建设方案满意度评价准则,以及从不同利益相关者的角度对这些影响因素进行分析。在对基础设施项目可持续性评价指标的相关研究进行文献分析的基础上,结合专家访谈以及问卷调查,确定出基础设施项目可持续建设满意度影响因素。通过从不同利益相关者角度对这些影响因素进行实证分析,探讨他们对这些影响因素的判断之间的差异,进而为利益相关者构建方案决策中的评价准则奠定基础。

(4)探讨利益相关者与可持续建设实施的关系

此部分的研究目的是要探讨利益相关者与可持续建设实践活动实施的关系机理,为构建最终决策模型提供理论基础。根据对"多维细分法"进行总结基础上提出的利益相关者分析维度,结合可持续建设实践活动内容,采用结构方程模型对他们之间的关系进行分析,揭示出这几个利益相关者分析维度与可持续建设实践活动的关系机理,为本研究构建基于利益相关者的基础设施项目可持续建设方案决策模型提供参考。

(5)构建基于利益相关者的基础设施项目可持续建设方案决策模型

此部分研究内容是本研究的最终目的,即在前述研究的基础上构建出基于利益相关者的基础设施项目可持续建设方案决策模型。根据对基础设施项目可持续建设中的利益相关者识别和分析结果,结合对可持续建设中的满意度影响因素的探讨,在利益相关者与可持续建设实施的关系机理基础上,构建出基于利益相关者的基础设施项目可持续建设方案决策模型。

1.4.3 研究方法

(1)文献分析法

首先,针对本研究的相关问题在中外数据库进行文献搜索,包括CNKI中国期刊网数据库、万方数据库、Elsevier Science Direct、Web of Science、Taylor & Francis ST电子期刊数据库等。然后,通过对这些文献进行分类、整理、分析、归纳、总结,了解利益相关者参与以及可持续建设方案的研究现状,并梳理利益相关者理论和可持续建设理论,为构建利益相关者参与可持续建设方案决策过程奠定基础。

(2)问卷调查法

该方法主要用于对基础设施项目可持续建设利益相关者的分析,以及得到他们对可持续建设满意度影响因素的观点和看法。本次问卷调查历时近4个月,通过向与基础设施项目可持续建设紧密相关的政府、施工方、设计方等人员发放问卷,被调查者覆盖我国大部分省(区、市),涉及不同类型的基础设施项目,为进行利益相关者分析以及可持续建设满意度影响因素的研究提供了重要依据。

(3)数理统计法

本研究采用统计分析软件对问卷数据进行分析,主要采用的方法包括均值分析、非参数检验、结构方程模型等。其中,非参数检验包括曼-惠特尼U检验和克鲁斯卡尔-沃利斯检验,用于探讨利益相关者在不同维度特征中的区别和不同利益相关者对满意度影响因素的比较分析。结构方程模型则用于探讨利益相关者与可持续建设实践的关系,以揭示他们之间的关系机理。

(4)群决策法

利益相关者共同参与基础设施项目可持续建设方案的决策,其实质为一个多属性群决策问题。研究采用多属性模糊群决策的相关方法和技术,将利益相关者对方案的语言判断变量转换为梯形模糊数,采用熵技术构建满意度决策权重,构建基于梯形模糊数的TOPSIS方法的满意度程度等,为构建基于利益相关者的基础设施项目可持续建设方案决策模型提供思路和方法。

2 基础理论分析与述评

2.1 利益相关者理论

项目是由具有权力的个人或者有兴趣的团体所组成的临时性组织所开展的一系列活动,其目标具有多样性和变化性。(Newcombe,1996;Mintzberg,1983)每个组织必须关注与项目目标紧密相关的活动,这些活动包括以下三个因素:过程和实践指南、支持者和完成者。(Bourne,2009)通常组织活动的失败是由于项目利益相关者的需求和期望没有被满足,以及支持者没有很好地协助项目。从项目管理角度来分析项目的失败,通常和项目管理与利益相关者之间的关系质量紧密相关。项目中有许多利益相关者,不同利益相关者有不同的需求,如何平衡他们的需求以及满足他们的需求是项目成功的关键。(Cleland,1999;Karlsen,2002)例如,Olander 和 Landin(2005)指出项目利益相关者需求之间存在的冲突,会导致项目进度拖延和成本超值,从而影响项目目标的实现。因此,识别出项目利益相关者,分析项目利益相关者并采用相应的措施进行有效的管理对于项目成功甚为关键。

利益相关者理论发展过程中形成的丰富成果为其在项目管理领域中的应用提供了坚实基础。Cleland(1986)最早将利益相关者理论应用到项目管理领域中,他强调了利益相关者管理对于项目成功的重要性,同时构建了项目利益相关者管理框架:识别、分类、分析和管理措施的形成。目前,学者们已经将项目利益相关者管理作为项目管理者的一项重要技能(Crawford,2005),同时项目利益相关者管理也成为相关组织和机构应用较多的管理工具。例如,1993年起,世界银行、亚洲开发银行等国际机构和组织明确将利益相关者分析纳入项目决策、评估等阶段的活动中,我国2002年印发的《投资项目可行性研究指南(试用版)》中也将利益相关者分析作为项目评价活动的主要内容。现有利益相关者理论在项目管理领域应用的研究成果主要包括项目利益相关者的识别、分析、管理以及参与过程几个方面。

2.1.1 利益相关者定义

自斯坦福大学的一个研究小组首次提出利益相关者的概念以来,涌现了大量利益相关者的定义,但是谁是利益相关者一直是学者们争论的焦点。在项目管理领域中,学者们从不同的角度提出了许多定义,也未取得共识。通过对1985年以来学者们提出的项目利益相关者定义进行整理,最终得到表2.1。

表2.1 项目利益相关者定义

学者	项目利益相关者定义
Cleland(1985)	对于项目最终产出物有利害关系的人或群体
Cleland(1986)	对项目共享利害或者利益的人或群体
Cleland(1989)	在项目运营过程中,拥有或者声称拥有、共享利益的个人或群体
Dinsmore(1990)	对于项目最终产出物有利害关系的人
PMI(1996)	参与项目的组织或个人,或者由于项目实施或者完成而被影响的组织和个人
Wright(1997)	对于项目最终产出物有利益关系的人或群体
McElory & Mills(2000)	对于项目成果或者项目运营过程有利害关系的个人或群体
APM(2000)	对于项目环境、项目绩效或者项目最终产出物有利害关系的个人或群体
PMI(2001)	直接参与项目或者对于项目最终产出物有利害关系的个人或群体
Newcombe(2003)	与项目存在利害关系,或对项目有期望的个人或团体
PMI(2004)	积极参与项目或者受到项目完成或者项目运行影响的个人或团体
Boddy&Paton(2004)	对项目有期望或者能够影响项目结果的个人或群体
Andersen(2005)	对项目有需求,或者拥有某方面的权力,或者对项目有拥有权,能够对项目做出贡献,或者被项目结果影响的个人或群体
Bourne&Walker(2006)	对项目有利益诉求,对项目存在某方面的权力,对项目知识形成有贡献,支持项目,被项目影响或者影响项目的个人或团体
Javed et al.(2006)	对项目有某种需求的个人或群体
Olander(2007)	对于项目成功或者项目运营环境有利害关系的个人或群体
王进等(2008)	因项目的实施而承担了一定的风险,能够影响项目标的实现以及在项目实施过程中受到影响的组织及个人
Walker et al.(2008)	对项目有利益诉求,对项目存在某方面的权力,对项目知识形成有贡献,支持项目,被项目活动或者结果影响的个人或团体

续表

学者	项目利益相关者定义
王进、许玉洁(2009)	对大型工程项目拥有某种利益要求,受工程项目决策、实施及运营活动影响,同时,也能从不同程度上影响工程项目目标实现的个体、群体与机构
Couillard et al.(2009)	那些被项目影响,或者能够对项目直接、间接实施影响的个人或群体
Yang (2010)	因项目的建设活动而受益或受损,能够影响项目目标的实现或受项目目标实现影响的人或团体
刘奇等(2010)	工程项目投入一定专用性资产,能够影响项目过程并且其利益受到项目影响的个人或组织
何旭东(2011)	积极参与土地整理项目或其利益可能受土地整理项目实施或完成的积极或消极影响的个人或组织
刘向东等(2012)	项目潜在的受益人或风险承担者
蒋卫平等(2013)	影响项目目标实现以及被项目目标的实现过程影响的组织或个人

从表 2.1 中对项目利益相关者定义的总结进行分析发现,学者们的定义可以分为以下两类。①从项目与利益相关者之间的关系来界定。这种关系通常采用动词"影响"来进行界定。项目与利益相关者之间的影响既包括影响项目也包括被项目影响。通常,那些影响项目的个人或组织更多指的是项目的正式成员,例如施工方、设计方等;而被项目影响的则更多是指周边社区、社会大众等。②采用明确的描述性词语来界定利益相关者的资格是什么,比如从"利害关系""需求""利益要求""贡献"以及"风险"等来描述。这种界定方式能够更加清晰地识别出项目利益相关者,但是会影响最终识别结果的准确性,有时会遗漏某些利益相关者。例如,通常媒体对于项目不存在利害关系,媒体却能够对项目的决策或者实施产生重大的影响。

在这两种类型的利益相关者定义中,从利益相关者与项目之间的关系来界定更为宽泛。这种定义以 PMI(1996)以及 Yang(2010)为代表,他们基本是在 Freeman 的定义基础上演化而来。Gibson(2000)指出从利益相关者与项目之间的关系来界定暗示利益相关者对实现项目目标会产生一定影响,不管是那些影响项目的还是被项目影响的个人或组织。狭义的利益相关者则是从某一个具体的视角或者具体的标准来进行识别,而识别的视角或标准与学者采取的分析维度有紧密联系。界定项目利益相关者只是第一步,通过对界定出的利益相关者进行分析才是重点。在界定项目利益相关者时能够尽量做到全面识别,为后续的分析和管理奠定基础。基于此,本研究赞同采用广义的定义来界定项目利益相关者,即影响项目目标或被项目目标实现过程影响的个人和组织。

2.1.2 利益相关者识别

项目利益相关者的定义能够为识别项目利益相关者提供指南,但是学者们在识别过程中似乎缺乏相应的方法。大部分学者通常是在定义项目利益相关者之后,直接给出识别结果。例如,Nguyen et al.(2007)将项目利益相关者定义为对项目目标有强烈兴趣的个人或组织,并初步识别出关键的利益相关者,包括:项目经理、项目团队、执行经理、质检方、咨询方、设备方、业主、相关组织、承包方/供应方、环境组织;吴仲兵等(2011)将代建制项目利益相关者定义为:存在合同契约关系或者行政法律关系,参与项目建设活动并且进行专用性投资,期望从中直接或间接获取收益的个人或组织。这些利益相关者包括业主、代建单位、设计、监理、施工图审查、招标代理、造价咨询、承包商、材料或设备供应商、行政审批部门、外部监督部门和内部监督部门。

除此之外,少部分学者结合文献分析方法、专家访谈法、小组讨论法以及管理者界定等方法来识别项目利益相关者。Newcombe(2003)对火车站发展项目进行分析,他根据项目经理的识别结果界定出该项目的关键利益相关者包括业主、融资方、用户、设计方、承包方、社区、政府部门、供应方、社会大众等;Brourne&Walker(2006)根据项目发起人的识别结果界定出澳大利亚政府的某一项目利益相关者包括项目实施者、业主方代表、业主方、项目经理、监理方、项目执行者、城市规划方、设计方、承包方、咨询方、交易方、工程师、议会、当地居民、质检方;王进、许玉洁(2009)采用专家评分法来对大型工程项目利益相关者进行筛选,他们以入选率50%作为标准,最终的利益相关者包括建设单位、承包商、勘察设计单位、材料设备供应商、投资人、监理单位、政府部门、运营方、高层管理人员、员工、社区、环保部门;吕萍等(2013)和毛小平等(2012)采用文献分析法和专家访谈的方法分别识别出了十类政府投资项目利益相关者和十二类工程项目可持续建设利益相关者。

项目利益相关者的识别必须结合项目具体的外部环境来进行,单凭直觉或者自身的主观臆断来识别项目利益相关者,则不能全面客观地识别,而借助管理者的经验、专家的知识则有助于客观和全面地识别项目利益相关者。因此,在识别项目利益相关者时,结合项目具体的情况,借助文献分析方法、专家访谈等方法,能够更加客观地界定出项目利益相关者,从而弥补主观臆断的缺陷。

2.1.3 利益相关者分析

利益相关者分析是利益相关者管理中的重要步骤,其分析结果是利益相关者管理措施的基础和前提条件。目前学者们提出了多种分析方法,主要包括:多维细分法、社会网络分析法、角色联动矩阵、知识图谱法等。其中,多维细分法是采用一个或多个维度特征对项目利益相关者进行细分,并将利益相关者分为不同的类型;而后三种方法则更多是对利益相关者之间的关系进行分析。

(1)多维细分法

贾生华、陈宏辉(2002)认为企业或组织的利益相关者并不需要"等量齐观","分类治理"是保持企业或组织可持续发展的必然选择。建设项目具有一次性、渐进性等特征,所涉及的利益相关者更多,对利益相关者分类管理显得更有必要。(吕萍等,2013)通过对学者们采用多维细分法在项目利益相关者管理中的研究成果进行梳理,其分析标准和维度如下表2.2所示。

表2.2 多维细分法在项目管理领域中的应用现状研究总结

维度数	分析标准	主要参考文献
1维	重要性	(Karlsen, 2002;王文学、尹贻林,2008;刘奇等,2010)
	风险	(Karlsen, 2002)
	态度	(Karlsen, 2002)
2维	利益、权力	(Olander & Landin, 2005)
	影响力、意愿	(毛小平等,2012)
	重要性、支持度	(卢毅,2006)
	获取信息能力、谈判能力	(高喜珍、侯春梅,2012)
3维	合法性、权力性、紧迫性	(胡洪、张永桃,2014)
	主动性、影响性、紧迫性	(王进、许玉洁,2009)
	主动性、影响性、利益性	(吕萍等,2013)
	主动性、影响性、合法性	(刘向东、郭碧君等,2012)
多维	合法性、权力性、紧迫性、利益、态度	(Olander, 2007)
	兴趣、贡献、期望、权力、责任、战略	(Jepsen & Eskerod, 2009)
	合法性、权力性、紧迫性、利益、态度、参与程度、了解程度	(Nguyen, Skitmore et al., 2009)

在多维细分法中,以权力/利益矩阵以及利益相关者显著性模型(合法性、权力性、紧迫性)应用范围最广,影响力最大。权力/利益矩阵是由Johnson & Scholes(1999)将利益相关者理论环境分析模型(Mendelow,1981)简化得到利益相关者分析工具,主要从权力和利益两个维度将利益相关者分为四个类型:核心、保持满意、保持联系和最小努力。同时,学者们对这两个维度进行修正,例如修正为影响力和意愿(毛小平等人,2012)。然而,影响力和意愿与权力和利益的分析维度实质上是一致的,只是表述不同而已。

利益相关者显著性模式则是由Mitchell等学者在1997年提出的,他们根据利益相关者所拥有的合法性、权力性、紧迫性三个属性程度将利益相关者分为蛰伏型、自主型、需求型、统治型、危险型、依赖型和权威型(沈岐平、杨静,2010)。国内的学者在这三个维度基础上进行了修正。陈宏辉、贾生华(2004)从主动性、重要性和紧急性三个维度进行细分,他们的这三个维度得到了国内学者的广泛应用。例如,王进、许玉洁(2009)采用这三个维度对国内大型工程项目利益相关者进行分析,最终分为核心、战略和外围三个类型。其他的学者也采用其他不同的维度特征进行分析,然而他们的维度特征与 Mitchell et al. (1997)以及陈宏辉、贾生华(2004)多有相似之处。

除此之外,还有学者采用了一个或多维度(大于三个维度特征)进行分析。例如,学者们根据重要性这个维度,将利益相关者分为主要和次要(王文学、尹贻林,2008)以及核心与非核心(刘奇等,2010)。学者们采用多维度进行分析时,其维度特征与权力/利益矩阵以及利益相关者显著性模型有密切联系,即将权力、利益、合法性、紧迫性、影响力等同时进行分析。

从表2.2中可以发现,采用多维细分法进行利益相关者分析时,不光是分析的维度特征存在差异,同时采用的维度数量也存在差异。学者们最多采用了七个维度特征,由此会造成该方法在操作上的复杂性。同时,对维度特征的界定中,更多是表面上的差异,而没有本质上的区别。总体上来看,多维细分法尽管能够从多个角度来识别项目利益相关者,然而目前仍没有一个被广泛认可的分析框架。

(2)社会网络分析法

实现项目目标不仅受到项目与利益相关者之间关系的影响,同时利益相关者之间的关系也会对此产生影响。多维细分法能够对项目与利益相关者之间的关系进行细致的分析,却不能对利益相关者之间的关系进行探讨。在实现项目目标过程中,利益相关者通过交换资源构成了复杂的社会网络,而社会网络分析法能够描述和分析这种网络关系的本质。(孙华、丁荣贵,2011)Rowley(1997)最早将社会网络分析法应用到利益相关者分析中,以此来剖析对企业(项目)影响大的利益相关者。(沈岐平、杨静,2010)近年来,社会网络分析法是学者们比较热衷的利益相关者分析方法,应用于项目治理、项目绩效评价等研究中。

社会网络分析法强调利益相关者之间的互相依赖和制约关系对他们行为方式的决定性作用,通过对他们之间关系性质的分析来探讨他们在社会网络系统中的地位如何影响他们的行为。(张合军等,2009)在采用社会网络分析法进行分析时,首先构建项目利益相关者社会网络模型,而该模型主要由组织(利益相关者)、关系、环境和目标构成,然后从网络密度、中心度、接近中心度、中间度、位置和角色等方面对该网络进行分析。在这几个分析系数中,网络密度和中心度是学者采用较多的分析内容。其中,网络密度是指利益相关者对该网络的重要性,是由实际存在的关系数目与可能存在的最多关系数目之比进行测度;而中心度则是指利益相关者影响和控制其他行为主体的能力,是由结点拥有的直接联系数量进行测度。根据对网络密度和中心度的分析,利益相关者的影响力可以分为妥协型、附属型、指挥型和独居型(沈岐平、杨静,2010)。

(3)角色联动矩阵

相对于社会网络分析法,角色联动矩阵分析则相对简单。采用角色联动矩阵进行分析时,将利益相关者名单置于二维的网格中,并采用关键词来描述各利益相关者之间的关系。(王锋、胡象明,2012)例如,他们之间是呈现出冲突、合作或是互补的关系。(Reed et al.,2009)采用角色联动矩阵进行利益相关者分析的优势在于,操作过程非常简便,只需要在纸上描述各利益相关者之间的关系即可。

(4)知识图谱法

知识图谱法源自组织结构图,其强调交流和学习对组织可持续发展的重要性。目前,知识图谱法越来越多地被应用于商业或组织的技术和方法更新、竞争力分析等领域中。通过构建利益相关者知识图谱,能够识别该网络中的信息交换机制,从而界定出该结构中影响力最大的利益相关者。这些利益相关者通常拥有权力去控制网络结构中的知识流向,因此,他们的需求应该首先被满足。(Reed et al.,2009)Bourne & Walker(2005)指出应用知识图谱进行利益相关者分析,能够识别出那些潜在的影响项目的组织或个人。例如,他们认为利益相关者的学术背景、所参与的学术团体能够影响他们的观念或者技能,从而间接影响他们在项目中的决策行为。Walker et al.(2008)采用知识图谱对一个医院项目的利益相关者进行分析时发现在项目组织外部的学术团体、协会以及学历背景等对各利益相关者的决策观点产生巨大影响,由此印证了这些潜在的项目利益相关者的影响力。

通过上述对项目利益相关者关系分析方法进行总结后发现,这三种方法的分析角度仍存在差异,其中社会网络分析法适用于利益相关者影响力分析,而知识图谱法以及角色联动矩阵则能够提供补充的分析视角。因此,进行利益相关者关系分析时,最好采用上述三种方法进行综合分析。

2.1.4 利益相关者管理

(1)利益相关者管理框架或过程

现代项目管理要求项目经理能够有效地协调项目与外部环境的关系,而利益相关者作为项目外部环境的主要组成部分,成为项目管理者重点关注的对象。利益相关者管理是项目成功的关键,其目的在于识别项目利益相关者并赢得他们的支持。如何进行项目利益相关者管理成为重点关注的对象,大量学者纷纷构建框架或模型进行探索,如表2.3所示。

表2.3 项目利益相关者管理模型

学者	项目利益相关者管理过程或框架
Yang et al.(2011)	项目利益相关者识别、决策、执行和评价,同时还包括项目利益相关管理的前提以及持续支持
Kerlsen(2002)	项目利益相关者管理过程包括六个步骤:计划、识别、分析、交流、战略和实施
Elias et al.(2002)	识别项目利益相关者、分析利益相关者、分析项目利益相关者对项目的影响水平、与项目利益相关者进行协商、预测项目利益相关者管理的能力、采用动态的利益相关者分析
Young(2006)	项目利益相关者管理过程,识别项目利益相关者,收集项目利益相关者的信息,分析项目利益相关者的影响
Bourne & Walker(2006)	识别和分析项目利益相关者,对项目利益相关者进行优先次序排序,最后采用不同的战略对策
Olander(2006)	识别项目利益相关者,收集项目利益相关者的信息,找到项目利益相关者的目标,分析项目利益相关者的优势和劣势,预测项目利益相关者的行为和战略,最后在此基础上实施项目利益相关者管理的措施
Walker et al.(2006)	识别项目利益相关者,对项目利益相关者进行优先排序,进行可视化,项目利益相关者参与,监控交流的有效性
Jepsen & Eskerod(2009)	识别项目利益相关者,分析期望、贡献、权力,采取相应的措施,以及分配责任
Bal et al.(2011)	识别项目利益相关者;分析项目利益相关者的风险;对项目利益相关者进行排序;估计项目利益相关者的影响力、风险发生的可能性;找到最重要的项目利益相关者;采用合适的策略进行风险管理;形成系统的风险管理策略;采用价值管理进行方案分析;实施最终方案
郑昌勇、张星(2009)	从界定层面、交流层面和结果层面构建PPP项目利益相关者管理的概念框架
何威等人(2010)	识别项目利益相关者,分析项目利益相关者,根据分析结果采取措施

通过对表2.3中各学者提出的利益相关者管理框架或过程中的具体步骤进行深入分析,利益相关者管理具体包括了以下几个步骤:识别、分析、决策、执行、评价,而利益相关者进行识别和分析是进行利益相关者管理的基础和前提。正如沈岐平、杨静(2010)提到,通过对利益相关者的识别和分析,可以得到一个完整的项目利益相关者清单,从而认识到他们对项目的需求、兴趣和限制,同时对这些利益相关者进行分析和评估,以便采用适当的管理措施。利益相关者识别和分析在前面章节已经进行了详尽的分析,在此不重复论述。

通过对项目利益相关者进行识别和分析得到相关信息,项目管理者可以据此制订相应的管理措施。然而,大部分的学者构建的利益相关者管理框架或过程便止步于此,对后续的步骤则缺少关注,例如,何威等人(2010)、Jepsen & Eskerod(2009)、Bourne & Walker(2006)构建的框架等。沈岐平、杨静(2010)提出通过评估管理活动的有效性和利益相关者的满意度来评价利益相关者管理绩效,Walker et al.(2006)也提出要对交流的有效性进行监控。尽管他们提出了对利益相关者管理的评价思路,但是他们并未对如何进行有效性和满意度的评价进行深入研究。

(2)利益相关者管理策略

项目管理者在识别和分析利益相关者之后,对收集到的利益相关者相关信息进行其分类,对不同类型的利益相关者采取不同的管理措施。例如,何威等人(2010)采用权力/利益矩阵对BOT项目利益相关者进行分类之后,他们采用动态联系、取得信任、改善关系和保证服务以及建立互动、维持沟通的策略来分别对待不同类型的利益相关者。沈岐平、杨静(2010)建议根据利益相关者的属性来决定他们的参与项目的程度,可以分为:通知、咨询、参加、合作和授权,然后依据不同的参与等级选择不同的管理策略:保持、防御、折中和妥协等。Newcombe(2003)根据权力/利益矩阵和权力/预测性矩阵的分析结果,采取管理措施,包括:维持沟通、关键利益相关者、保持满意、最小努力。通过对现有学者提出的分类管理措施进行总结,发现主要包括以下四类。

①通知(inform)。采用通知的形式是针对那些对项目的影响力较小但比较重要的利益相关者。这些利益相关者需要被告知项目的决策对他们可能产生的影响,而他们几乎不会在决策过程中扮演关键的角色。

②咨询(consult)。该类型的策略是针对那些对项目拥有较高影响力的利益相关者,但是他们通常对于项目的重要性较低。由于他们拥有较高的影响力,因此需要将他们的意见纳入决策过程,以减少项目实施过程对他们的直接或者间接影响,其目的在于提高他们对项目的支持或承诺。

③参与(involve)。对项目的重要性较高的利益相关者,不论他们的影响力如何,他们都必须参与项目的决策过程。在利益相关者参与项目的过程中,必须积极关注他们的需求并反映在项目方案中。只要他们的需求得到满足,他们将会对项目目标实现产生积极的影响。

④合作(partner/collaborate)。该策略主要针对那些对项目影响力较大且重要性较高的个人或组织。首先,实现项目目标离不开他们的支持,同时,他们所拥有的权力又会对项目产生威胁。因此,必须将他们的需求积极纳入项目决策方案中,最大限度地满足他们的需求,以赢得他们对项目目标的支持。

在上述的四种利益相关者管理策略中,参与和合作强调利益相关者参与项目的实施活动,与在第一章的利益相关者参与存在一定的差异。Neil(2009)认为利益相关者参与暗示着一定的意愿去考虑利益相关者对项目的需求,同时,由于利益相关者的参与,项目活动还会因此做出相应的调整和改变,以更好地满足利益相关者的需求。然而,利益相关者管理则更多注重对项目重要或影响力较大的利益相关者的需求,具有较大的功利性思维,而利益相关者参与则是组织承担社会责任的体现。

2.1.5 利益相关者参与

目前,利益相关者参与被广泛应用于城市更新、城市规划、城市管理、政策制定、项目评价等方面研究中。在对利益相关者参与进行研究时,不少学者从社会公众参与角度进行研究。从学者们对社会公众参与的研究成果分析,我国目前社会公众参与存在参与的方式单一、公众地位被动、参与决策的深度受限等方面的问题,而造成这些现象的原因包括公众意识缺乏,制度不健全,缺乏畅通的、有效的利益表达渠道等。许多学者从参与动力、参与模式、参与系统等方面展开研究。

除了社会公众之外,项目还涉及许多不同的利益相关者,他们的共同参与是项目成功的基础。学者们对利益相关者参与项目的相关研究则集中在项目评价、项目目标识别、新技术应用等方面。这些研究成功借鉴了利益相关者理论的思路或者方法,构建出许多参与模型或者过程,如下表2.4所示。

表2.4 利益相关者参与模型或者过程文献总结

学者	研究对象	利益相关者参与模型或者过程
Menoka et al.(2013)	可持续建设	识别利益相关者、利益相关者的可持续性目标分析、利益相关者排序、利益相关者管理、利益相关者绩效测量、利益相关者管理实施
Person & Olander(2004)	城市发展	利益相关者分析、项目条件分析、项目计划制订、应用和评价
Schwilch et al.(2012)	土地管理	利益相关者识别、估计和决策
Luyet et al.(2012)	环境项目	利益相关者识别、利益相关者分类、参与程度分析、参与技术选择、实施参与和评估
Hage et al.(2010)	可持续发展	为什么参与(目标)、参与的结果、谁来参与、参与的程度以及参与的方法
Tompkins et al.(2008)	海洋可持续发展	识别参与的利益相关者,影响范围分析,构建评估基准以及未来的绩效,使用讲习会(workshop)作为交流机制
Anntunes et al.(2006)	可持续发展	识别参与的利益相关者、形成参与的目标以及解决问题、构建评价标准、实施评价、利益相关者互动交流、结果分析
高喜珍、王莎(2009)	公共项目	利益相关者识别、诉求分析、评价体系构建
陈树平(2011)	公共项目	利益相关者识别、需求分析、需求集成

续表

学者	研究对象	利益相关者参与模型或者过程
王莎(2009)	基础设施项目	利益相关者识别、利益诉求分析、评价指标
高喜珍、侯春梅(2012)	非经营性项目	利益相关者识别、利益诉求分析、评价指标
李裕(2010)	公共项目	利益相关者识别、贡献和诉求分析、评价指标
李欢欢(2010)	可持续项目	利益相关者识别、诉求分析、协调
胡新朝(2007)	建设工程项目	利益相关者识别、需求分析、改进

对上表中学者们构建出的利益相关者参与模型或者过程进行总结后发现，这些过程主要分为以下几步：利益相关者识别、利益相关者分析、参与和评价。对利益相关者的识别和分析是学者们都认同的步骤，即界定出参与的利益相关者、识别他们的利益诉求和需求、分析各利益相关者的属性，以此作为后续的参与基础。对于后续的步骤，即参与过程和评价，其实质为将利益相关者的意见、利益诉求、需求等作为决策的参考，以得到最优的决策结果。学者们则采用了不同的方式来进行探讨。有学者借鉴利益相关者管理的思路来构建利益相关者的参与过程，例如，Luyet et al.(2012)提出对利益相关者进行分类来确定他们的参与程度，Hage et al.(2010)采用类似的方法来确定谁来参与项目。还有学者提出采用交流、协调的策略来实施。(李欢欢,2010;Anntunes et al.,2006;Tompkins et al.,2008)除此之外，还有学者采用构建指标来对参与的问题进行决策，例如，高喜珍和王莎(2009)、高喜珍和侯春梅(2012)等。不管是采用哪种思路来实施利益相关者参与方法，其主要目的是要收集利益相关者相关信息，解决参与的主要问题，得到解决的方案，并就相关的方案达成一致。尽管这些研究成果为利益相关者参与过程提供了很好的参考，但是未对利益相关者参与的决策方法进行探讨。

2.1.6 利益相关者理论小结

通过对利益相关者理论在项目管理领域中应用的研究成果进行总结，从项目利益相关者的定义、识别、分析和管理等角度进行深入分析，得出以下结论。

① 目前对项目利益相关者的定义中仍存在两种观点，一种是广义的概念，即基于Freeman的定义演变而来的，另一种则是采用具体的描述性词语进行界定，而这些具体的词语的选择则与学者们后续的分析维度特征紧密相关。尽管广义的项目利益相关者定义受到不少争议，却能够更加全面地识别项目利益相关者。

② 大部分学者在进行利益相关者识别时，更多是基于直觉或者是自身的经验，少部分学者采用了文献分析、专家访谈、小组讨论以及问卷调查的方法。根据经验或者直觉进行利益相关者识别时，更多是项目管理者的主观判断，容易在识别过程中遗漏掉本应属于项目的利益相关者。采用文献分析、专家访谈以及小组讨论等方法能够更加全面地识别

出利益相关者，但是未结合具体的项目背景。因此，在利益相关者识别过程中，可以先借鉴文献分析、专家访谈等方法来进行识别，然后根据项目具体背景进行进一步确认，既能够弥补主观臆断或者凭经验识别的不足，又能够更加客观、全面地识别项目利益相关者。

③ 目前利益相关者分析方法主要包括两种视角：多维分析和关系分析。学者们采用多维细分法对利益相关者进行分析，这些研究成果存在维度特征以及维度数量上的差异，导致目前还未存在一个统一的分析框架。对利益相关者关系的分析则包括三种方法：社会网络分析法、关联角色矩阵以及知识图谱法。这三种方法的分析视角不同，在进行项目利益相关者关系分析时，建议联合使用。

④ 对利益相关者管理是采用分类管理的思想，对不同类型的利益相关者采取不同的管理措施。学者们构建的利益相关者管理框架或者过程，通常是在对利益相关者识别和分析的基础上对利益相关者进行分类，然后根据不同利益相关者类型的特征，采用有区别的管理措施，其目的在于赢得他们对项目的支持。然而，现有的利益相关者管理过程或者框架还缺乏对利益相关者管理的绩效进行深入探讨。

⑤ 缺乏对利益相关者参与过程中决策方法的探讨。对利益相关者参与过程进行总结，这些过程主要包括以下步骤：利益相关者识别、分析、决策和评价。其主要思路为，在对利益相关者进行识别和分析的基础上，收集利益相关者相关信息，为解决参与问题的方案提供参考并促使利益相关者达成一致。尽管利益相关者参与的思路非常明确，步骤也较为清晰，但是仍缺乏对决策方法进行研究，还未对参与程度、评价准则等决策方法方面的内容进行深入探讨。

2.2 可持续建设理论

2.2.1 可持续建设理论形成

工业革命以来，机械化的生产方式提高了人们的生活水平，同时也带来了不可再生资源过度消耗、环境污染等问题。到20世纪60年代，人们开始质疑地球能否承担这种以牺牲资源和环境为代价的生产方式。由于社会公众开始普遍关心环境问题，1970年4月22日美国举行了首次世界地球日活动。1972年联合国在斯德哥尔摩召开第一次人类环境会议，在此次会议上提出了生态发展的概念，即发展的方式旨在社会和经济目标与生态环境和谐（Gardner，1989）。同年，基于1968年成立的罗马俱乐部的讨论成果整理成的《增长的极限》出版,书中提到污染、环境恶化和自然资源消耗是人类长远未来的关键问题,该观点从环境保护的角度挑战了过去流行的支持增长观点。(Stockdale,1989)

1987年,世界环境与发展委员会向联合国提交《我们共同的未来》报告,该报告称许多地区人们的基本需求还未得到满足,地区性的贫困和不公平容易造成生态和其他危机,正式提出了可持续发展的概念和模式。可持续发展应该既满足当代人的需求又不危害后代人满足其需求的发展,与增长极限的观点相比,还包含社会和经济的目标并重点关注发展中国家的发展问题。(WECD,1987)1992年,在巴西召开的联合国环境与发展大会上签署了《联合国气候变化框架公约》《联合国生物多样性公约》两个国际公约和通过了《里约环境与发展宣言》《21世纪议程》《关于森林问题的原则声明》三个重要文件,表明了可持续发展已经成为全人类面向21世纪的共同选择。

可持续发展的思想和原则是在20世纪90年代得到世界的广泛认可的,而建筑业以资源和能源高消耗的特点成为可持续发展过程中的关注焦点,国内外学者充分意识到建筑业对可持续发展的重要性。在1993年召开的世界建筑师大会中,国际建筑师协会和美国建筑协会指出建筑和建筑环境在人类对自然环境的影响中扮演了重要的角色。在1994年召开的第一届可持续建设国际会议中,首次提出了可持续建设的基本思想和原则,得到了广大专家和学者的关注。可持续建设是将可持续发展的思想和原则应用于建筑业发展过程中,其形成过程受到了已经存在的过程管理思想的影响,经历了一个长期演变和发展的过程。(黄延玲,2009)

2.2.2 可持续建设定义

在可持续建设概念提出之前,"绿色建筑""可持续建筑""生态建筑""健康建筑"等概念已经被社会大众熟知。(Plessis,2007)可持续建设是一种过程,强调工程项目的建设过程,而"绿色建筑""可持续建筑""生态建筑""健康建筑"是通过可持续建设而实现的最终结果。(施骞,2007)

可持续建设的概念提出已经有20多年的时间,由于其概念存在模糊性、不可操作性等问题,导致学者们不断对其进行修正。可持续建设的概念最早用于描述建筑业达到可持续性的责任,是将可持续发展的思想和原则应用到建筑业发展过程中。Kibert(1994)在第一届可持续建设国际会议上提出可持续建设的概念之后,引起了广大的建筑业从业人员、相关组织和研究学者的重视和认可,但是不少学者认为可持续建设的概念仍存在模糊性、不可操作性,甚至存在冲突(Mukherjee & Muga,2010)。通过对可持续建设定义进行整理,得到表2.5。

表2.5 可持续建设定义

学者	可持续建设定义
Kibert(1994)	基于资源有效和生态的原则,创建健康的建设环境并进行有效管理
Huovila&Richer(1997)	在项目过程和产品的寿命周期内,最大限度减少使用和消耗对环境和健康有害的资源,同时为用户提供决策的信息
Lanting(1998)	一种建设方式,旨在减少建设过程、建筑物以及建设环境对环境和健康的影响
CIB(1999)	减少自然资源使用,在建筑物生命周期内保护建筑物、建设过程以及建设环境对环境的支持功能(life support function)
Chang(2000)	降低环境影响,并提高居住环境的舒适度和健康
C&D(2001)	可持续建设可以被描述为可持续发展的子集,包括了场址的规划,材料的选择/回收和废弃物最小化等
A21 SCDC(2002)	旨在恢复和维持自然环境与建设环境的和谐,为保持人类尊严创建居住场所,估计经济公平
Huang &Kou(2002)	通过计划、设计、建设和运营的环境友好型建设,达到与自然环境可持续共生,强调环境哲学,包括最少自然资源和能源的消耗,环境和谐,遵守相关法律
CIB(2004)	可持续性的建设、使用、维护、拆除和重复使用建筑物
陈建国、孟春(2009)	在项目全生命周期内,项目的参与者根据有效利用资源和生态的原则,建立一种健康的建筑环境,并以最小的资源环境投入,创造最大的社会、经济效益
任宏等(2010)	加强施工活动控制,在建设全过程中最大限度地节约资源,保护环境的建造环境,为人们提供健康、适用、高效的使用空间
陈建国、孟春(2010)	项目参与者在充分考虑项目的最小环境影响、最小物质/能力消化和人们最大满意度的基础上,以项目最小的经济、环境和社会总成本来实现最大的工程、环境总质量

对表2.5中不同学者对可持续建设的定义进行总结和分析,尽管这些定义在表述中存在差异,然而总体上包括了以下几个点。

①强调项目全生命周期。可持续建设是一个过程,通过项目全生命周期内的活动来提高可持续性的表现,包括了项目建设、使用、维护、拆除甚至重复使用的过程(CIB,2004)。因此,项目可持续性表现不仅仅只关注某一个阶段,应该从项目全生命周期的角度来整体考虑。同时,由于项目各个阶段活动之间存在紧密联系,要推进可持续建设的实施,决策阶段则是关键。(施骞、贾广社,2007)

②以人为核心。实施可持续建设的目的是为人类创建健康、舒适的居住环境,同时要满足人们的需求。(Kibert,1994;陈建国、孟春,2009)由此可见,可持续建设不光注重项目使用者的需求,同时还关注项目其他利益相关者的需求。这些需求包括:减少环境影响、降低不可再生资源消耗、创造经济效益、提高社会效益等。这些不同的需求构成了项目可

持续建设目标,意味着该目标是一个多属性的目标系统。

③强调经济、环境和社会三方面的和谐与统一。学者们提出的可持续建设定义,几乎都强调了减少项目对环境的影响。由此可见,对于环境方面的表现是得到学者们的共识。然而,还有学者强调居住环境中的人类尊严、健康以及提高经济效益和社会效益等内容。(Chang,2000;A21 SCDC,2002;陈建国、孟春,2009)可持续建设不仅要提高环境方面的可持续性表现,更要关注经济和社会方面的表现,以达到三方面的和谐与统一。

2.2.3 可持续建设表现

学者们对可持续建设的理解不同,导致他们从不同的角度对可持续性表现进行分析。有学者从经济、环境和社会三个角度来进行分析(Shen et al.,2007;Gonzalo & Fernando,2010;Shen et al.,2005;ISO15392,2011),有的从经济、社会、环境和技术四个维度来进行分析(Singh et al.,2009;Hill & Bowen,1997),还有从经济、环境、设计和社会四方面进行分析,或者从经济、社会、环境、健康与安全、资源利用、项目管理等角度开展分析(Ding,2005),也有从经济收益、能源消化、外部利益和环境影响的角度(Ugwu et al.,2006)。在这些研究角度中,本研究认为经济、环境、社会和技术四个维度较为合理,而其余的分析维度则会存在一定的重复性。

目前,对建筑物的可持续性表现的研究较为成熟,而对基础设施项目的可持续性表现方面的研究进展则相对较为缓慢(Gonzalo & Fernando,2010)。通过对比分析,从经济、环境、社会和技术四个角度总结出基础设施项目可持续建设表现的具体内容,如表2.6、表2.7、表2.8和表2.9所示。

(1)可持续建设的经济表现

表2.6 可持续建设经济方面文献总结

可持续建设的经济表现	文献来源
成本	Ugwu & Wong,2006;Shen et al.,2011;Ugwu & Haupt,2007;梁敏超,2012;朱志平、朱燕,2007;陈岩,2009
收益	Shen et al.,2012;Shen et al.,2011;朱志平、朱燕,2007;陈岩,2009

①成本。对可持续性建设表现中的成本方面的研究,学者们大多数采用全生命周期成本来进行衡量,包括项目的决策、设计、建设和运营阶段的成本。还有学者采用直接成本和间接成本来进行衡量,直接成本包括与项目直接相关的成本,而间接成本则包括拆迁安置成本、生态补偿成本等方面的支出。

②收益。对于可持续建设表现的收益表现主要从微观和宏观两个层面来进行分析。微观层面主要是指项目本身的经济收益状况,学者们提出了不同的衡量方式:投资回收期、内部收益率、收益增长率、成本利润率、投资收益率以及竞争力增强和形象改善等。项

目可持续建设带来的宏观方面的收益，比如对当地产业结构的调整、对当地GDP的贡献率、促进区域内资源优化配置等。

（2）可持续建设的环境表现

表2.7 可持续建设环境方面文献总结

可持续建设的环境表现	文献来源
能源	Gonzalo & Fernando, 2010; Florez et al., 2012; Shen et al., 2012; Justin et al., 2003; Pitt et al., 2009; 林格, 2009; 梁敬超, 2012; 朱志平、朱燕, 2007; 陈岩, 2009; 邓志国、綦振平, 2004
水	Gonzalo & Fernando, 2010; Shen et al., 2011; Ugwu & Haupt, 2007; Shen et al., 2012; Justin et al., 2003; 叶依广, 2005; 林格, 2009
大气	Gonzalo & Fernando, 2010; Alan, 2003; Shen et al., 2011; Ugwu & Haupt, 2007; Shen et al., 2012; Justin et al., 2003; 朱若初, 2006; 叶依广, 2005
土地	Alan, 2003; Shen et al., 2011; Ugwu & Haupt, 2007; Ugwu & Wong, 2006; 叶依广, 2005
污染	Gonzalo & Fernando, 2010; Ugwu & Haupt, 2007; Florez et al., 2012; Pitt et al., 2009; 叶依广, 2005; 朱志平、朱燕, 2007; 邓志国、綦振平, 2004
垃圾	Pitt et al., 2009; Alan, 2003; Shen et al., 2011; Ugwu & Haupt, 2007; Shen et al., 2012; Justin et al., 2003; 邓志国、綦振平, 2004
生态多样性	Gonzalo & Fernando, 2010; Gonzalo & Fernando, 2010; Shen et al., 2012; Justin et al., 2003; 邓志国、綦振平, 2004

①资源利用。资源利用是学者们在可持续建设环境表现方面最关注的内容之一。工程项目的全生命周期需要大量的资源，包括能源、水、土地、材料等。学者们更多从资源的总体消耗量、节约程度或者节约总量来探讨资源的有效利用。对资源的重复和循环使用也是工程项目可持续建设环境表现的内容之一，优先采用绿色技术、清洁技术、可再生资源等来降低资源的消耗量也是学者们关注的焦点。

②环境污染。工程项目对环境的污染包括对大气的污染、噪声污染、污水污染、粉尘污染等，学者们通过环保设施的正常运转程度、环保措施的有效程度、污染总量的超标程度等来进行衡量。工程项目建设过程中的垃圾也会对环境造成严重的污染，垃圾收集和分类率、收运密封率、处理与处置率等也成为学者们在可持续建设环境表现方面关注的内容。

③生态保护。工程项目对环境的影响除了污染之外，还包括对当地生态环境的影响。学者们对可持续建设环境方面表现的关注内容还包括对动植物种群的影响、对水土流失的影响、对自然保护区完整性的影响、对生态完整性的影响、引发或加剧自然灾害和危害程度等。

(3) 可持续建设的社会表现

①安全和健康。可持续建设社会方面表现的安全与健康内容强调建筑环境的安全与健康。建筑环境的安全则是与安全生产相关,可减少安全事故的发生;而健康则是指建筑环境中所产生的有毒有害气体对员工和居住者的危害,以及项目中存在的环境污染问题的危害等。

②社会发展。可持续建设的最终目的是要促进社会发展,改善人民的生活质量,因此,其首要目的是要满足人民的基本生活的需要,比如改善居住条件、改善居住环境、改善出行方式等;其次要关注当地的就业水平,增加就业机会,还要对相应的弱势群体进行就业培训,提高他们的就业能力。除此之外,项目的公平分配是促进社会发展的前提条件。项目成本和收益的公平分配,能够确保被影响地区得到合理的补偿,缓解贫富差距。学者们多采用恩格尔系数的变化率来描述公平分配在可持续建设中的表现。

表2.8 可持续建设社会方面文献总结

社会表现	文献来源
安全和健康	Shen et al., 2011; Florez et al., 2012; Shen et al., 2012; Justin et al., 2003; Francis & Andrew, 2009
社会发展	Gonzalo & Fernando, 2010; Shen et al., 2011; Florez et al., 2012; Shen et al., 2012; Carin & Alan, 2006; Justin et al., 2003; Francis & Andrew, 2009; 邓志国, 綦振平, 2004
文化传承	Gonzalo & Fernando, 2010; Shen et al., 2012; Justin et al., 2003; Francis & Andrew, 2009

③文化传承。可持续建设社会方面的文化传承内容主要表现在两个方面,即对历史文化古迹和对当地传统文化的保护。基础设施项目在建设过程中,会涉及历史文化古迹的发掘、保护等相关问题。同时,项目的建设也会对当地居民造成相应的影响,而居民则是传统文化主要传承载体,学者们更多采用公众参与来描述传统文化的传承。

(4) 可持续建设的技术表现

①绿色技术和材料等。在基础设施项目可持续建设的技术表现研究中,学者们强调采用绿色技术、材料、工艺等来提高项目的可持续性表现。通过采用绿色技术、节能材料以及相关工艺能够减少项目对环境的影响,同时还能减少项目的运营成本。同时,学者们还强调了绿色技术、节能材料以及相关工艺的成熟度、安全性、先进性以及便利性的重要性。

②适应性。在项目的全生命周期内,项目环境的变化导致其功能不能满足需求的变化,而解决这一问题的主要手段就是增强项目的柔性,即适应性。适应性是指基础设施项

目在面对外部环境的变化而表现出来的灵活多变性,具体包括结构可改造、功能可更新、技术可升级和容量可扩展等属性。

③可维护性。项目在投入使用之后,由于故障或功效降低等原因,通常需要进行维修。可维护性通常强调对基础设施项目性能的改善、维持或提高,以最大限度地发挥项目的功能。学者们采用了维修率、故障率、维修时间等具体指标来衡量。

④可靠性和持久性。可靠性和持久性则是与基础设施项目的质量、功能表现等紧密相关,强调在设计使用年限内能够承受各种偶然事件发生后仍能保持整体的稳定性,同时,在正常的维修条件之下能够使用到规定的使用年限。学者们强调了基础设施项目设计方面的活动对可靠性和持久性的影响。

表2.9 可持续建设技术方面文献总结

技术表现	文献来源
绿色技术和材料等	Rosenthal et al., 2004; Kelvas et al., 2009; 毛晔, 2009; Shen et al., 2011; Terry et al., 2011; Ugwu & Haupt, 2007; Ding et al., 2005
适应性	毛晔, 2009; 许乃星等, 2011; Gonzalo & Fernando, 2010; Sahely et al., 2005; Klevas, 2010; 韩传峰等, 2009
可维护性	毛晔, 2009; 邓志国、綦振平, 2004; Gonzalo & Fernando, 2010; Sahely et al., 2005; 陈岩, 2009
可靠性和持久性	Sahely et al., 2005; Gonzalo & Fernando, 2010; Peter et al., 2013; Gerasio & Soliva, 2012

2.2.4 可持续建设决策

决策是针对某个问题,在进行系统调查的基础上,采用科学理论方法,根据某种评价准则,对拟订出的多个可供选择的方案进行综合研究,以选择出最优的方案。(乐云、李永奎,2011)相较于对项目其他阶段活动的研究,对可持续建设决策方面的研究显得非常不足。根据文献查找结果,目前只有任晓东和夏伟(2008)对可持续建设策划的气候、能源、材料和经济方面的内容进行分析,以及施骞和贾广社(2007)对可持续建设决策方法进行研究。

可持续建设决策是一个十分复杂的问题,既要考虑项目可持续性表现,同时又要兼顾设计、施工、运营以及拆除等阶段活动。在目前研究中,学者们较为注重对构建决策评价指标的研究,根据2.2.3的分析,学者们对基础设施项目的可持续性表现、可持续性评价指标等方面的内容展开了积极的探索,这些内容为构建决策的评价准则奠定了良好的基础。构建出方案的评价准则是进行决策的基础,而采用合适的决策方法才是关键。对学者们在可持续建设决策方法方面的相关研究进行总结,主要包括以下几种类型,如表2.10所示。

表2.10　基础设施项目可持续建设决策方法

方法	文献
投入产出法	高颖艳等人(2004);施骞、贾广社(2007)
价值工程法	王永祥、谢丽(2011);邓朗妮、黄如瘩(2007)
目标线性规划	沈良峰(2005)
层次分析法	孙瑞华、王新斌(2006)
正负理想点逼近法	柴云等(2010)
模糊综合评价	屈滨(2010);王雪青等(2008);赵志鹏、李显忠(2010);黄山、柏琼(2008);解成威等(2010);施骞、贾广社(2007)
熵技术	陈业华(1998);陈黎明、邱菀华(2003);郭庆军、赛云秀(2007)
其他方法	杨海东等(1999);鞠芳辉、刘德学(2003);王进等(2008)

施骞、贾广社(2007)认为可持续建设方案决策涉及因素较多,项目环境复杂,采用单一的决策方法不能得到最为合理的结论。他们通过对投入产出法、价值工程法和群体决策等决策方法进行深入分析后,构建了工程项目可持续建设方案的优化与决策过程,如图2.1。他们建议首先每个专家采用投入产出法、价值工程法等方法进行初步决策,然后对较优的方案采用群体决策方法进行二次决策,最后由政府从能源规划、环境影响、生产者和使用者健康等方面进行审核,确定最优方案。尽管他们对现有方案决策方法的优劣进行了深入分析,并在此基础上构建出了相应的优化和决策模型,但他们的决策模型实质上仍为基于群体决策的决策模型。值得注意的是,他们不仅提出邀请相关领域的专家参与,同时还提出邀请使用者参与决策。但是令人遗憾的是,他们并没有对这些参与者的权重进行说明,而决策权重是群体决策过程中的关键问题。

方案构建 ⇒ 方案初步决策 ⇒ 方案二次决策 ⇒ 政府审核 ⇒ 核定最优方案

图2.1　工程项目可持续建设方案的优化与决策过程

2.2.5 可持续建设措施

可持续建设的措施是学者们针对可持续建设实施过程中存在的问题,而提出的改进措施或方法。对这些措施和方法进行总结和分类,主要包括以下七个方面的活动。

(1)优先采用绿色技术

绿色技术是可持续建设的基本原则之一,是提高项目可持续性表现的主要途径。在可持续建设过程中采用相关绿色技术不仅能够增强项目的可持续性绩效,同时还会增强利益相关者的市场竞争力。(Tan et al., 2010)目前,学者们提出的这些技术主要包括绿色施工、垃圾管理、精益建设、预制技术等。(Bakhitar et al., 2008)

绿色施工是可持续发展思想在工程施工过程中的体现。绿色施工是指在工程建设过程中,在保证质量、安全等基本要求下,通过科学管理和技术进步,最大限度地节约资源和减少对环境负面影响的施工活动,实现"四节一环保"的要求。绿色施工是对传统施工模式的提升,已经得到我国政府的高度重视,并开展了一系列的示范性项目。例如,2008年北京奥运会场馆、2010年世博会场馆建设等。

精益建设是将精益生产的思想和原则融入建设项目过程中,转变传统建设项目生产模式,以消除建设过程中的浪费、降低成本并提高项目绩效和质量、提升业主和用户的满意度为目标。目前,精益建设已经被广泛应用于各类项目管理中,不仅节约材料,增加用户价值,还减少垃圾产生。(Huovila & Koskela, 1998; Ballard et al., 2003)

垃圾管理是可持续建设过程中的一个重要活动内容。对建筑垃圾的处理主要包括两种策略:一种是通过采用相关技术或者方法减少建筑垃圾的产生,例如,前面探讨的绿色施工、精益建设等技术;另一种则是建筑垃圾的资源化利用。目前,我国的建筑垃圾资源化利用尚处于起步发展阶段。建筑垃圾的资源化利用不仅能够减少其对环境的破坏,同时还能产生巨大的经济和社会效益。(Poon, 2007; 张海霞, 2009)

(2) 重新构建项目过程活动内容

重构项目过程活动内容并不是要对项目过程阶段进行重新划分,而是要对各阶段活动内容进行重新制订。施骞(2007)等学者从全生命周期角度对可持续建设过程进行分解,包括策划、设计、采购、施工、运营和最终处置阶段。根据他们对全生命周期的各阶段活动的界定结果,可持续建设过程与传统建设项目过程基本一致,区别在于每个阶段的核心任务,同时各个阶段参与的利益相关者也存在区别。

可持续建设是一个复杂系统,在项目全生命周期每个阶段涉及许多部门,而在传统建设项目中各个阶段参与的部门相对较独立,对项目最终可持续性表现产生影响。例如,施工方未参与设计阶段的活动容易带来方案的修改,由此会影响项目实施进度,同时,施工方也不能加强对可持续建设的认识,导致在建设过程中出现"不可持续性问题"。黄延玲(2009)指出要提高可持续性表现,项目利益相关者从项目前期阶段就开始共同参与并谋求合作,才能顺利推进可持续建设的实施。

(3) 实施项目可持续性评价

可持续建设评估的结果能够为可持续建设的实施提供参考信息,还能为项目管理者采取有效的管理措施提供参考依据。自可持续建设的概念提出之后,可持续建设评价体系研究快速发展,目前世界上存在至少七十种可持续建设相关的评价体系,而这些评估体系几乎都是针对住宅项目,而对基础设施项目的可持续建设评估仍处于探索中。在基础设施项目过程中实施可持续性评价,要求在项目决策阶段方案编制中确定所依据的评价体系和标准,在设计阶段和施工阶段根据所采用的评价体系和标准对相关活动进行分析和论证,以此作为改进项目活动的重要依据。

(4)采用绿色采购模式

绿色采购是推动可持续建设的有效措施。通过绿色采购,不仅能够减少项目所产生的垃圾,缓解项目对环境的影响,同时还能从整个供应链的角度来提高项目全生命周期的价值。(Bakhtiar et al., 2008)绿色采购要求从原料开采、生产制造、运输到使用和最终处理的各个环节都进行评估,以确保所选用的材料能够符合可持续建设的要求。(施骞,2007)除此之外,在选择材料和设备供应商时,尽量选择具有社会责任的供应商。Lenferink et al. (2012)建议采用合同集成的方法来进行项目采购,将全生命周期中的设计、建设和维护几个阶段的合同进行集成,能够最大限度地确保所需的所有材料、设备等的性能,能够提高项目可持续性表现。

(5)基于全生命周期的可持续设计

基于全生命周期的可持续设计是通过整合项目可持续建设在经济、社会和环境方面的表现,并考虑项目建设和运营以及拆除阶段的问题,进而提出设计方案的一种设计理念。这种设计理念综合考虑了项目各个阶段的资源和能源消耗,有助于降低项目全生命周期的成本,提高项目最终的可持续性表现。(吕赛男,2012)从全生命周期的视角进行可持续性设计,利益相关者的共同参与显得尤为必要。Poon(2007)明确指出利益相关者共同参与项目设计过程,能够减少设计变更发生的概率。将项目利益相关者融入项目设计、招投标等早期阶段中,除了减少在实施阶段中的设计变更,还能为设计方案的优化提供信息,例如施工方能够为项目设计方案提供可施工性方面的信息,用户能够提供项目功能方面的需求信息,供应方也能提供材料和设备能耗方面的信息。(Begum et al., 2007)

(6)进行可持续建设相关培训和教育

实施可持续建设必须转变利益相关者的行为模式,而意识的提升是他们行为模式转变的关键。(Abiding, 2010)由于对可持续建设的认识不足,他们认为可持续建设追求长期效益与建筑业追求短期利益严重冲突。因此,加强可持续建设相关的培训和教育,增强行业从业人员对可持续建设的认识,从而影响他们在项目具体实践活动中的行为方式,是目前建筑业推动可持续建设中非常紧急和重要的任务。根据毛小平等(2012)对我国可持续建设实践的问卷调查结果,大概有一半以上的建筑业从业人员仍对可持续建设缺乏认识,同时这些被调查者还表示严重缺乏相关的培训和教育。对项目从业人员进行可持续建设相关培训和教育,能够增强他们对可持续建设的认知,加深他们对可持续建设的理解,从而影响他们在项目具体实践活动中的行为方式。(Tan et al., 2010)

(7)严格遵守可持续建设相关法律、法规、规章和标准

目前,我国推动可持续建设的发展是采用自上而下的体系,即实施相关的法律、法规、规章和标准。我国最早可持续建设相关实践活动是推广建筑节能,1986年颁布的《北方地区居住建筑节能设计标准》标志着我国已经意识到了建筑业对环境的影响,并开始采取一系列措施来推行可持续建设。1987年,国家计委和国务院环保委员会发布《建设项目环境保护设计规定》,要求各类新建、改扩建项目必须严格控制环境污染、保护和改善生态环境。自1994年《中国21世纪议程——中国21世纪人口、环境与发展白皮书》正式发表以后,我国加大了对建筑节能、绿色建筑、生态住宅等的关注力度,并陆续出台了许多法律、法规和规范。尽管我国已经颁布并实施的法律、法规以及标准目前还存在各种问题,例如,可操作性不强、立法不健全、标准过时等,但是严格遵守这些相关的法律、法规、规章和标准仍能够提高项目的可持续性表现。

2.2.6 可持续建设理论小结

通过对可持续建设理论进行全面梳理和总结,从定义、表现、决策以及相关的措施进行分析和总结,得出以下结论。

① 可持续建设的概念仍在不断完善。尽管从可持续建设概念提出到现在为止已经有20多年的时间,然而目前仍未形成一个被广泛认可和接受的定义。根据对现有学者提出概念的总结,发现目前的概念主要包括三个主要内容:全生命周期,以人为核心以及经济、环境和社会三方面的协调和统一。

② 总结出可持续性建设经济、环境、社会和技术方面的表现。通过对学者们构建的基础设施项目可持续性评价指标进行分析和总结,从经济、环境、社会和技术四个方面探讨了可持续性建设表现的具体内容。其中,经济方面的要点包括成本和收益;环境方面包括资源利用、环境污染和生态保护;社会方面包括安全和健康、社会发展以及文化传承;技术方面包括绿色技术和材料等、适应性、可维护性、可靠性和持久性。

③ 缺乏对可持续建设决策阶段活动的深入探讨。目前学者们进行可持续建设决策方面的研究更多集中于构建评价准则以及采用的相关方法,还未对如何改进方案的内容来提升项目的可持续性表现进行探讨。同时,利益相关者参与决策阶段的重要性已经在绪论中得到阐述,而现有的研究都是基于专家参与的视角,还未从利益相关者的视角来对决策准则以及决策方法进行研究。

④ 总结出七个可持续建设的改进措施。通过对学者们提出的促进可持续建设实施的建议和对策进行总结,提出了七个方面的实践活动内容,为基础设施项目可持续建设方案的制订以及实施提供参考。值得注意的是,实施这些方面的活动强调利益相关者的共同参与。

3 基于利益相关者的基础设施项目可持续建设方案决策框架

3.1 基础设施项目可持续建设方案

基础设施项目可持续建设方案是针对项目决策阶段活动,在确立的可持续建设目标基础上,制订项目全生命周期各个环节的可持续建设实施规划,为项目可持续建设决策以及实施提供全面和系统的目标、计划和依据。根据《投资项目可行性研究指南》中的规定,基础设施项目可行性研究中必须要对项目的供需预测、建设规模、项目选址、技术方案、设备方案、工程方案、原料燃料供应、总图运输与公用辅助工程、节能节水措施、环境影响评价、劳动安全卫生消防、组织结构与人力资源配置、项目实施进度、投资估算、融资方案、财务评价、社会评价、风险评价等内容进行论证。虽然《投资项目可行性研究指南》对基础设施项目可行性研究规定中的个别内容或环节中也涉及了可持续发展的相关内容,但是这些内容仍是零散的、不系统的,所处的地位也是次要的,没有全面体现可持续发展的思想和原则。(郑小晴,2005)

施骞(2007)提出了工程项目可持续建设策划书,包括目标、技术导则、组织体系、管理方案等十一个要点,为编制基础设施项目可持续建设方案提供指导性作用。令人遗憾的是,他并未深入探讨应该如何改进现有的实施活动来推动可持续建设实践活动的实施。因此,本研究通过对现有可持续建设实践经验的总结,提出了七个方面的实践活动内容,为构建基础设施项目可持续建设方案提供参考,如下表3.1所示。

表3.1 基础设施项目可持续建设方案要点

序号	要点	描述
1	采用绿色建筑技术	在项目全生命周期各个阶段的活动中,应用绿色施工、精益建设、垃圾管理、预制技术等方法和措施,减少项目对环境的污染和破坏
2	重构组织体系	从项目全生命周期的角度,采用集成管理的方法对项目组织结构进行重组,为项目参与者提供良好的交流平台,促进跨学科技术融合和跨专业协作
3	实施可持续性评价	积极参与可持续建设的相关评价与认证等活动,并根据评价结果改善项目各阶段的活动,提高项目可持续性表现
4	采用绿色采购模式	转变传统的采购模式,从整个供应链的角度对项目所需的材料、设备进行采购,选择具有社会责任的供应方参与项目,同时采用合同集成的方法来优化采购模式,提升项目可持续建设水平
5	基于全生命周期设计	结合项目所在地的具体情况,综合考虑项目各个阶段的问题,将可持续发展的思想和原则融入设计活动中,以减少项目全生命周期资源和能源消耗,增强项目的可施工性、可靠性、安全性和可扩展性,追求项目全生命周期成本最优化,确保项目的人性化等
6	可持续建设培训、教育	加强对项目从业人员可持续建设相关教育和培训,增加他们可持续建设相关知识,增强他们可持续建设意识,以转变他们的行为模式
7	严格遵守相关的法律、法规	遵守国家相关的法律、法规、规章,承担相应的法律责任,提升项目可持续性表现

3.2 利益相关者参与可持续建设方案决策的必要性

在我国基础设施项目决策阶段活动中,要从项目建议书到可行性研究对项目进行全方位的评价和论证,以确定项目是否具有可行性。方案决策则是该阶段活动的重要内容。由于我国长期存在"重施工,轻决策"的现象,导致决策阶段存在方案编制、论证以及决策方面的问题,严重影响了项目的可持续性表现。基础设施项目可持续建设方案是项目后续活动的依据,需要在对项目进行广泛而细致的调查研究的基础上,对各拟订方案进行全面分析、论证和比较,充分探讨方案的经济合理性、环境和社会效益以及技术的可行性等

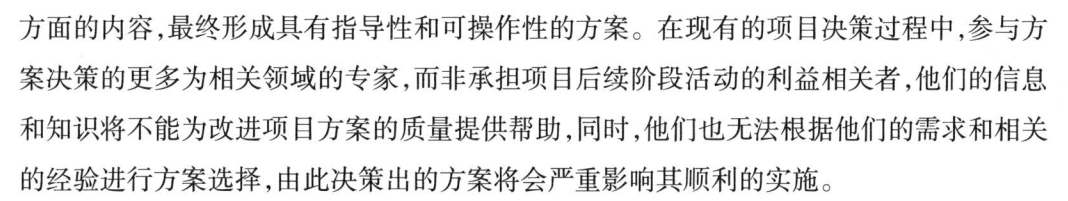

方面的内容,最终形成具有指导性和可操作性的方案。在现有的项目决策过程中,参与方案决策的更多为相关领域的专家,而非承担项目后续阶段活动的利益相关者,他们的信息和知识将不能为改进项目方案的质量提供帮助,同时,他们也无法根据他们的需求和相关的经验进行方案选择,由此决策出的方案将会严重影响其顺利的实施。

(1) 利益相关者需求是可持续建设目标的组成部分

可持续建设是一个多属性、多目标的复杂系统。(施骞,2007)可持续建设的目标强调经济、环境和社会等方面表现的和谐与统一,而利益相关者的需求往往代表了可持续性不同方面的表现。例如,2011年我国《建筑业"十二五"发展规划》中将建筑节能作为发展目标之一,并明确要求建筑产品施工过程的单位增加值能耗下降10%;2014年杭州余杭区生活垃圾焚烧发电厂项目引发的群众聚集事件,也代表了民众对健康的居住环境的需求等;承包方期望通过实施可持续建设能够减少成本进而增加利润,同时改善工作环境、增强企业形象和竞争力等(Sakr et al., 2010)。由此可见,不同利益相关者对可持续建设的需求不同,而正是这些不同的需求组成了可持续建设的多目标系统。

目前,在基础设施项目决策阶段对方案进行论证和评价时,严重缺乏从可持续发展的角度对项目方案进行探讨,拘泥于经济分析和技术分析。Shen et al.(2010)通过对基础设施项目可行性报告进行深入分析后发现,目前在基础设施项目可行性论证时,强调经济方面的效益,而环境和社会方面的效益则被忽视。只强调某一个方面的可持续性表现,即只重视某一类利益相关者的需求,不仅不能确保提高项目可持续性表现,同时,还会影响可持续建设实践活动的顺利实施。利益相关者需求的满足是他们参与可持续建设实践活动的主要动力,未全面考虑利益相关者对可持续建设的需求,将不能激发他们参与可持续建设实践活动的积极性,从而影响可持续建设活动的实施。

(2) 利益相关者是可持续建设实践活动的实施者

可持续建设将可持续发展的思想和原则融入项目全生命周期中的活动,需要转变传统的项目实践活动的生产方式,改进现有的活动模式、方法以及技术等方面的内容。Matar et al.(2008)认为可持续建设实施缓慢的主要原因是未厘清各利益相关者在可持续建设的责任和角色,他们从利益相关者、项目过程和可持续性表现三个维度构建了可持续建设实施框架(如图3.1),探讨了利益相关者与可持续建设实践活动之间的紧密联系。对于表3.1中所提出的七个方面可持续建设实践活动内容而言,利益相关者是这些实践活动的实施主体,每个利益相关者都在这些实践活动中承担了相应的责任和角色。

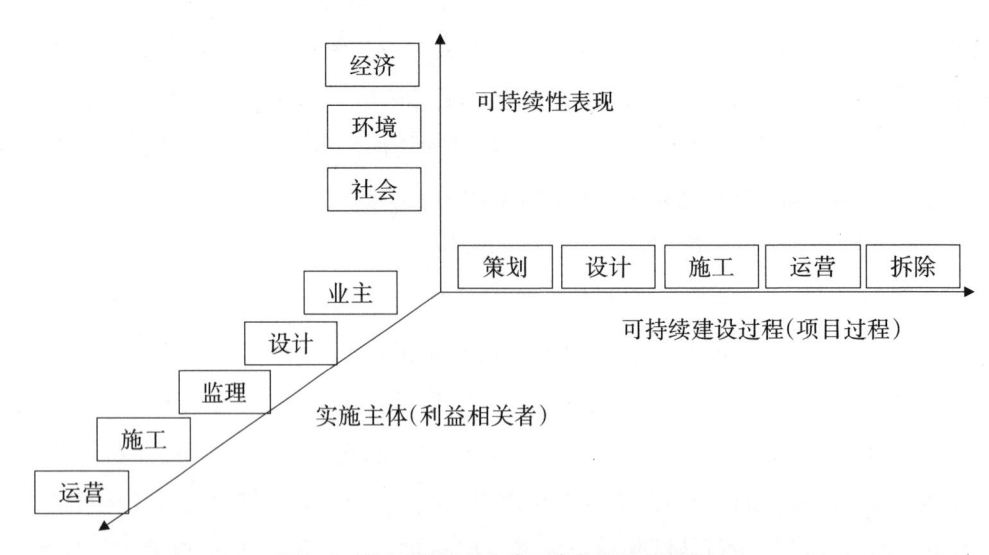

图3.1 基于利益相关者的可持续建设实施框架

各利益相关者参与可持续建设方案的决策过程,能够提供可持续建设所需的管理方面的知识、技术方面的知识、组织方面的知识、经济方面的知识甚至法律方面的知识,以及设计方面的经验、施工方面的经验、管理方面的经验等。在对这些知识和经验进行集成的基础上进行创新,从而对可持续建设实践活动进行周密而系统的构思和设计,进而明确各利益相关者在可持续建设实施过程中的责任和角色,为各利益相关者的可持续建设实践活动提供指引,从而确保可持续建设的顺利实施。

3.3 利益相关者参与过程

Hill & Bowen(1997)指出利益相关者参与是可持续建设实施过程中的重要内容。基础设施项目可持续建设的实施需要不同专业领域的协作以及多学科的融合,同时,基础设施项目本身具有的特征导致被项目影响到的个人和组织更多。因此,相对于其他建设项目,基础设施项目实施可持续建设涉及了更多的利益相关者。这些利益相关者共同参与基础设施项目可持续建设方案决策过程的重要性已经在绪论中阐述,例如提高决策的公平和公正、可接受性,改进可持续建设方案质量,增强可持续建设的意识等。

目前,学者们纷纷对利益相关者参与可持续性项目进行积极思考,并在不同类型的项目中构建了不同的利益相关者参与过程。通过对现有学者们构建的利益相关者参与过程进行深入分析和总结(见表3.2),发现学者们构建的参与过程主要包括了利益相关者识别、利益相关者分析、实施参与和结果分析。

表3.2 利益相关者参与过程文献总结

学者	利益相关者识别	利益相关者分析	实施参与	结果分析
Menoka et al.(2013)	√	√		√
Person & Olander(2004)		√	√	√
Schwilch et al.(2012)	√	√	√	
Luyet et al.(2012)	√	√	√	√
Hage et al.(2010)			√	
Tompkins et al.(2008)	√	√	√	√
Anntunes et al.(2006)	√		√	√
高喜珍、王莎(2009)	√	√	√	
陈树平(2011)	√	√	√	
王莎(2009)	√	√	√	
高喜珍、侯春梅(2012)	√	√	√	
李裕(2010)	√	√	√	
李欢欢(2010)	√	√	√	
胡新朝(2007)	√	√	√	

(1)利益相关者识别

对利益相关者识别是利益相关者参与过程的首要步骤,主要目的在于为确定最终的参与者提供信息。学者们在利益相关者理论应用过程中提出了许多工具和方法,为利益相关者的识别奠定了良好的基础。

根据学者们研究成果中的识别标准,他们的识别视角既包括关系视角,也包括具体的标准。在采用关系视角进行识别时,不仅包括那些影响项目的利益相关者,同时也将那些被项目影响的个人和组织纳入参与过程。学者们采用具体标准进行识别时,采用最多的标准为有利害关系,即对于项目有经济利益关系,除此之外,还有学者提出根据风险的标准来进行识别。根据不同的标准进行利益相关者识别时,最终的识别结果将会有明显差异。因此,进行利益相关者识别最好采用广义的利益相关者定义,即影响项目和被项目影响的个人或组织,以确保所有利益相关者都能包括在内。

选用识别方法时,大量的学者建议采用"滚雪球"方法、头脑风暴法等工具和技术来全面地识别利益相关者。识别出所有的利益相关者并将其纳入项目过程,是利益相关者成功参与的基本原则。在利益相关者识别过程中,一旦遗漏掉某些利益相关者,将会是项目后续实施过程中的风险因素。目前的利益相关者识别技术包括了文献分析、专家访谈法、小组讨论法以及管理者界定等方法,最好将这些方法进行综合利用,以全面地识别出项目所有的利益相关者。

(2)利益相关者分析

利益相关者分析是利益相关者参与过程的关键步骤,主要目的是收集利益相关者的相关信息,为确定最终的参与者提供参考,并为管理措施或构建决策方法奠定基础。学者们实施该步骤的通常思路为,通过对识别出的利益相关者进行分析,并根据分析结果进行利益相关者优先排序。与利益相关者识别类似,在目前的利益相关者分析中存在许多方法和工具,由此造成了学者们从不同的维度进行分析。对学者们所构建的参与过程中的利益相关者分析维度进行总结,发现主要包括以下维度:①需求;②态度;③资源;④影响力;⑤角色和责任;⑥知识和技能;⑦能力;⑧风险。

值得注意的是,采用不同的分析维度会造成利益相关者排序或分类结果的不同,从而导致不同的管理措施以及决策方法。例如,采用影响力维度进行分析时,最终那些影响力较大的利益相关者将会被优先关注,而那些影响力较小的个人或组织则会被忽略,被挤出最终的决策过程。由此所带来的后果将会是,那些影响力较小的利益相关者会形成联盟,以增大其影响力,会给项目的实施带来严重的影响。对目前利益相关者分析方法和工具进行总结发现,现有的利益相关者分析中存在维度特征以及维度数量上的差异,还未存在一个统一的分析框架。因此,在利益相关者参与过程中,如何进行全面系统的利益相关者分析将会是利益相关者参与过程中的难题。

(3)实施参与

实施参与是利益相关者参与过程中的核心步骤。根据对利益相关者分析的结果,在对利益相关者进行优先排序或者分类的基础上,采取有区别的措施,以满足利益相关者的需求,确保利益相关者对项目的支持或积极实施项目活动。对于该步骤,首先必须明确利益相关者参与过程中需要解决的问题。在具体的应用过程中,不同学者构建的利益相关者参与过程所对应的问题明显不同,有的是针对项目评价,有的是针对方案的决策,有的则是针对政策制定。在明确了利益相关者参与的问题之后,需要对解决该问题的准则进行描述。学者们阐述利益相关者参与问题的解决准则时,通常需要确定谁参与最终的决策过程,解决该问题的目标、技术等方面的内容。然而,这些准则的确定须结合项目的具体社会经济背景。确定了解决问题的准则后,则是针对解决问题的目的,在所确定参与的利益相关者的基础上,确定出实施方案,并在后续的实施过程中进行有效的监督和控制。值得注意的是,学者们并未对利益相关者参与过程中的技术或者所具体应用的方法进行阐述。然而,实施利益相关者参与的实质内容则是针对具体问题,在利益相关者分析基础上,通过集成他们的相关信息,就解决问题的方案达成一致,而关键则是如何就相关问题的解决方案进行决策。

(4)结果分析

作为利益相关者参与的最终步骤,结果分析则是对利益相关者参与过程的总体评价。对利益相关者参与过程的评价,利益相关者的满意度是学者们进行评价的重要内容。目前,利益相关者满意度已经成为项目成功的衡量标准,同时也是利益相关者管理的重要目标。利益相关者参与的主要目的是要通过管理措施提升他们的满意度,以保障项目目标的实现。除此之外,不少学者从项目绩效方面来进行探讨,例如,决策质量提高、争议程度缓解、利益相关者支持程度的提升、促进利益相关者的合作等。还有学者提出构建利益相关者关键绩效评价指标来对他们参与过程中活动进行衡量,以此作为调整管理措施的基础。

3.4 利益相关者参与可持续建设方案决策的特点

(1)有限理性

利益相关者在参与方案决策时,需要运用可持续发展的视角对可持续建设方案进行论证和判断,以选择出最优解。然而,这些利益相关者有关项目实施可持续建设的知识、经验以及相关的信息是有限的,导致他们可能会根据自身的偏好、价值观、经验以及习惯等来进行判断。因此,各利益相关者在有限理性的情况之下参与决策,会采用满意解替代最优解,即他们会设定原定目标的最低标准,然后寻找满足这些最低标准的方案。

(2)多方案决策

基础设施项目可持续建设方案的决策,不仅包括了总体可持续建设方案的决策,同时也包括了具体方案的决策。然而,在具体的方案决策过程中,通常会对多方案进行分析、论证和比较。例如,在基础设施项目场址选择中,会对不同的项目地址进行多方面的比较,从经济、环境和社会等方面进行论证,选择出最优的方案。

(3)决策环境的模糊性

利益相关者在进行基础设施项目可持续建设方案决策时,会从经济、环境和社会等方面对方案进行全面的分析和论证。然而,由于项目可持续性表现通常需要较长的时间才会得以体现,导致难以对这些可持续性评价指标进行准确的描述和判断,从而使得利益相关者对于这些评价指标的认知和理解具有不确定性。对于决策指标属性值的不确定性通常被定义为模糊性,在这种不确定性环境中的决策即为模糊环境决策。

(4)多属性决策

属性是指方案固有的客观特征,既可以是实际存在的特性,也可以是主观认定的特征,决策者通常根据方案的属性值来衡量方案水平。利益相关者对基础设施可持续建设方案的决策,需要从可持续性建设的经济、环境、社会等方面表现进行判断和分析,即他们会全面考虑经济、环境和社会等方面的可持续性问题,以做出最终的决策结果。

(5)群体决策

相对于传统的基础设施项目,基础设施项目可持续建设涉及更多的利益相关者,而将利益相关者纳入项目可持续建设方案的决策过程,无疑是一个群体决策的问题。根据这些利益相关者对方案的判断和选择结果,将他们对方案的选择信息,按照某种信息集结方法最终形成群体一致偏好的结果。

3.5 利益相关者参与可持续建设方案决策的原则

(1)公平原则

在目前基础设施项目决策过程中,政府拥有绝对的影响力,导致决策过程严重缺乏公平性。公平原则作为可持续建设的基本原则,强调项目实践活动要处理好当前与未来的关系、人与自然的关系以及经济发展与环境保护的关系,而这些不同的关系分别代表不同的利益相关者。因此,在基础设施项目可持续建设方案决策过程中,必须对所参与的利益相关者公平分配决策权力,以提高项目最终的可持续性表现。

(2)满意原则

参与方案决策的利益相关者具有有限理性的特征,他们通常会采用满意度的方法从多个备选方案中进行选择。满意原则强调最终选择出的方案必须是所有参与决策利益相关者满意度最高的方案,即根据每个利益相关者对各个方案的满意度进行分析,选择出总体满意程度最高的方案。

(3)全面原则

可持续建设强调经济、环境和社会三个主要方面,缺失任何一个方面都不能达到可持续建设的最终目标。在基础设施项目可持续建设方案决策时,必须以可持续发展的思想和原则来指导方案的论证和评价,不能只注重某一个方面的表现,要全面地从可持续建设几个方面的效益对方案进行决策,以确保项目可持续建设的最终目的得以实现。

(4)一致性原则

利益相关者参与基础设施项目可持续建设方案决策的目的,即对最终选择的方案达成一致,确保可持续建设实践活动的顺利实施。然而,每个人的价值观、喜好不同,导致每个参与者做出的选择可能存在分歧和差异,使得他们最终选择的方案不一致。因此,在利益相关者参与方案决策过程中,在他们对方案做出最终选择的基础上,寻找差异最小的方案,即一致性程度最高的方案,能够确保方案的顺利实施。

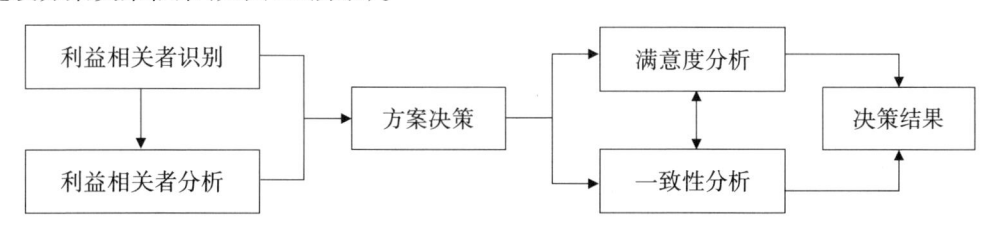

3.6 基于利益相关者的可持续建设方案决策过程

基于利益相关者的基础设施项目可持续建设方案决策,是指在利益相关者对基础设施项目可持续建设方案进行选择和判断的基础上,将利益相关者对方案的选择和判断信息进行集成,以此决定最终的设施方案。通过上述内容中对基于利益相关者的方案决策的特点和原则的分析可知,利益相关者参与基础设施项目可持续建设方案的决策过程其实质是一个多属性的模糊群体决策过程,而满意度是利益相关者进行方案选择的标准。结合总结出的利益相关者参与过程的关键步骤,本研究提出了基于利益相关者的可持续建设方案决策框架(如图3.2所示)。

图3.2 基于利益相关者的可持续建设方案决策框架

(1)利益相关者识别

利益相关者识别是该方案决策框架中的首要步骤,目的是要识别出基础设施项目可持续建设的利益相关者是哪些,以此作为决定哪些利益相关者参与可持续建设方案决策的基础。由于基础设施项目往往影响巨大,项目所涉及的个人或组织相对于传统建设项目更多,因此,在进行基础设施项目可持续建设中的利益相关者识别时,要采用文献分析、专家访谈法、小组讨论法以及管理者界定等方法,以确保全面识别出利益相关者是哪些。

(2)利益相关者分析

利益相关者分析是基于利益相关者的基础设施项目可持续建设方案决策中的关键步骤。通过对识别出的基础设施项目可持续建设中的利益相关者进行分析,来判断谁最终参与方案的决策过程并确定他们的决策参与权重。在进行利益相关者分析时,力求全面系统的分析维度,避免强调单一的分析视角。基于此,本研究将在对现有的方法和工具进行总结的基础上,深入分析各方法和工具包括的分析维度,构建出集成的分析框架,确保利益相关者分析的全面性。

(3)方案决策过程

利益相关者参与基础设施项目可持续建设方案决策,即对项目可持续建设相关方案进行评价和选择,确定最终的方案。在进行方案评价和选择时,需要对方案的经济、环境、社会以及技术等方面的准则进行评价,同时,由于利益相关者的有限理性以及环境的模糊性等特征,利益相关者参与可持续建设方案的决策过程实质为多属性模糊群体决策过程。利益相关者在可持续建设方案决策过程中,会根据满意度判断选择出各自的最终方案。然而,由于不同利益相关者对可持续建设需求不同,他们最终选择的方案存在差异。因此,需要根据各利益相关者对方案的满意度进行判断,分析各方案中利益相关者的差异,从中选择出差异最小、一致性最大的方案。由此可见,基于利益相关者的基础设施项目可持续建设方案决策其实质为多属性模糊群体决策过程。

(4)决策结果确定

根据各利益相关者对基础设施项目可持续建设方案的满意度以及一致性分析结果,得到最终可持续建设实施方案。

3.7 本章小结

本章内容作为本研究起点,主要对基础设施项目可持续建设方案的内容进行探讨,以及构建出基于利益相关者的基础设施项目可持续建设方案决策框架。首先,指出现有基础设施项目方案中涉及可持续建设的内容呈现出零散的、不系统等特点,通过对现有可持续建设实践活动进行分析和总结,从七个方面提出了基础设施项目可持续建设实施活动内容,为构建可持续建设方案提供参考。其次,通过对现有利益相关者参与过程进行总结,阐述了利益相关者参与可持续建设方案的必要性,明确利益相关者参与可持续建设方案决策的特点和原则,最终构建了基于利益相关者的基础设施项目可持续建设方案决策框架,该框架主要包括:利益相关者识别、利益相关者分析、方案决策和决策结果。其中,利益相关者识别和分析是该决策框架的基础,其目的在于确定决策的参与者以及他们的参与权重。实施参与则阐述了方案决策过程中的评价准则以及决策技术,即采用多属性模糊群体决策的方法从经济、环境、社会等方面的可持续表现对方案进行满意度评价。最后,通过满意度和一致性的分析结果确定最终方案。

4 基础设施项目可持续建设中的利益相关者识别和分析

识别和分析利益相关者是基于利益相关者的基础设施项目可持续建设方案决策过程的首要步骤。本章首先对基础设施项目可持续建设中的利益相关者进行识别,然后根据所提出的利益相关者集成分析框架,对这些利益相关者进行实证分析,为确定基础设施项目可持续建设方案决策过程的参与者以及他们的决策权重奠定基础。

4.1 基础设施项目可持续建设中的利益相关者的识别

本研究在进行利益相关者识别时,主要采用以下3个方法:①文献分析。通过文献分析,对相关学者的识别结果进行整理,初步界定基础设施项目可持续建设的利益相关者。②专家判断。将初步识别结果,与相关专家进行讨论,让他们从基础设施项目层面来最终判断谁是项目的利益相关者。③小组讨论。根据专家访谈结果,整理出最终的利益相关者,并通过学术讨论来确定最终的利益相关者。

(1)初始的利益相关者清单

结合第2章中文献整理结果,初步界定出基础设施项目可持续建设中的利益相关者,如表4.1所示。

表4.1 基础设施项目可持续建设中的利益相关者

序号	利益相关者	序号	利益相关者	序号	利益相关者	序号	利益相关者
1	中央政府	7	施工方	13	金融机构	19	运营方
2	当地政府	8	子承包方	14	非政府组织	20	项目团队
3	相关职能部门	9	监理方	15	社会公众	21	保险公司

续表

序号	利益相关者	序号	利益相关者	序号	利益相关者	序号	利益相关者
4	开发方/业主	10	咨询方	16	媒体	22	用户
5	行业组织	11	材料/设备供应方	17	科研机构	23	员工
6	规划/设计方	12	项目周边社区	18	拆迁方	24	高层管理人员

(2)专家访谈结果

本次专家访谈,共选取了10位资深专家,每位专家的从业年限均超过15年,同时都具有教授、高级工程师的职称,或担任高层领导的职位。其中,从事科研教学3位,设计院3位,政府部门2位,开发方1位,施工企业1位。本次访谈主要采用面对面和电话访谈两种方式。电话访谈时先将清单发给相关专家,然后再进行访谈。

通过对以上10位专家的意见进行整理和归纳,得到以下几点建议:①当地政府和相关职能部门可以合并为一个利益相关者;②社会公众和非政府组织可以合并为一个利益相关者;③从项目层面来界定利益相关者可以不涉及管理人员以及员工;④子承包方和施工方可以合并为一个利益相关者,涵盖项目所有的施工方利益相关者;⑤在我国现有的基础设施项目过程中,项目管理团队包含在某个项目参与方中,通常根据不同的项目管理模式来确定;⑥对于基础设施来讲,项目最终的用户更多是针对社会大众,可以将社会大众与用户合并为一个利益相关者。

(3)小组讨论

将经过修改后的利益相关者清单在一次博士学术交流会上进行讨论,请各参与人员对确认的利益相关者做相应的记号,而他们认为不是基础设施项目可持续建设利益相关者的则不做记号。参与此次学术交流的人员包括2位教授、3位副教授、10名工程管理相关领域的博士研究生以及12名相关领域的硕士研究生,他们的判断结果如表4.2所示。

综合以上的讨论,以入选百分比超过60%为标准(王进,许玉洁,2009),最终一共界定出13个基础设施项目可持续建设的利益相关者:当地政府、业主(包括开发方和投资方)、规划/设计方、施工方、材料/设备供应方、监理方、运营方、咨询方(包括评估机构)、科研机构、金融机构、项目周边社区、社会公众(包括非政府组织和用户)、拆迁方。

表4.2 小组讨论修正结果

利益相关者	入选百分比	利益相关者	入选百分比
中央政府	57.4%	施工方	100%
当地政府	100%	行业组织	51.3%
业主	100%	社会公众	100%
金融机构	87%	媒体	54.6%

续表

利益相关者	入选百分比	利益相关者	入选百分比
规划/设计方	100%	科研机构	93.4%
监理方	100%	拆迁方	100%
咨询方	100%	运营方	100%
材料/设备供应方	100%	保险公司	24.5%
项目周边社区	87.3%		

4.2 项目利益相关者集成分析框架

在项目管理领域中,学者们常采用多维细分法进行利益相关者分析。多维细分法是指采用不同的维度特征对利益相关者进行细分,将利益相关者分为不同的类型,以此作为利益相关者分类管理的基础。尽管该方法被学者们广泛应用于利益相关者分析中,但是由于分析维度数量以及内容上存在较大差异,导致该方法常受到质疑。例如,根据不同的维度特征进行利益相关者分析,同一个利益相关者会被划分到完全不同的利益相关者类型中。造成这一现象的主要原因是学者们对于利益相关者分析维度的认识存在差异,没有一个统一的分析框架。(Reed et al., 2009)基于此,本研究在对学者们的研究成果进行总结的基础上,尝试构建出一个项目利益相关者集成分析框架。

4.2.1 项目利益相关者分析维度

通过对多维细分法在项目管理领域中的应用研究现状进行整理和分析,发现学者们主要采取的分析维度如表4.3所示。目前,学者们共采用了15个不同维度特征来进行项目利益相关者分析,这15个维度特征主要集中在以下几个方面。

表4.3 利益相关者分析维度总结

分析维度	定义	主要学者
重要性	对项目目标实现的影响程度	王文学、尹贻林,2008;刘奇等,2010
风险	在项目过程中所承担的风险	Karlsen, 2002;李胜杰,2009;何旭东,2011
态度	对项目目标的态度	Olander, 2007;Nguyen et al., 2009
利益	获取利益或被影响利益	Olander & Landin, 2005;吕萍等,2013
权力	影响项目决策的方法或手段	Olander & Landin, 2005;吕萍等,2013
意愿	主动参与项目实施的意愿度	毛小平、陆惠民等,2012
支持度	对项目的立场	卢毅,2006

续表

分析维度	定义	主要学者
获取信息能力	项目信息优势	高喜珍、侯春梅,2012;Nguyen et al.,2009
谈判能力	博弈能力	高喜珍、侯春梅,2012
合法性	法律赋予的索取权利	胡洪、张永桃,2014;刘向东等,2012
紧迫性	需求得到回应的程度	胡洪、张永桃,2014;王进、许玉洁,2009
主动性	主动参与项目的能力或愿望	吕萍等,2013;刘向东等,2012
责任	参与项目的活动内容	Jepsen & Eskerod,2009
战略	采取的管理措施	Jepsen & Eskerod,2009
参与程度	参与项目活动的程度	高喜珍、侯春梅,2012;Nguyen et al.,2009

(1)需求

与需求相关的维度特征包括:利益、意愿、主动性以及紧迫性。对利益的分析是明确与需求相关,而意愿和主动性实质上也是利益相关者需求的体现。利益相关者对项目的需求通常不止一个,这些不同的需求对于利益相关者的重要性不同,主要有三个层次:①"must",即缺乏了就不能满足基本需求的成果特征;②"wants",即希望得到的东西;③"Nice-to-have",即多多益善的东西。根据丁荣贵(2008)的分析结果,利益相关者不同的项目需求对于他们自身的重要性是不同的,上述三类需求的重要性是呈现出递减的趋势。这种关于需求的分析与权力/利益矩阵中对利益的定义具有一致性。Olander & Landin(2005)将利益定义为利益相关者对于他们的需求在项目中被满足的兴趣程度。显然,利益相关者认为他们需求的重要程度越大,他们对这些需求的兴趣则越大,即他们的主动性以及参与项目的意愿程度也就会越高。类似的定义还存在于利益相关者显著性模型中。紧急性则是利益相关者的需求得到回应的程度,通常由时间敏感性和重要性来表示(Nguyen & Skitmore et al.,2009)。需求的重要性越大,延迟处理导致利益相关者的损失越大,即时间敏感性越高,利益相关者的紧迫性越强。

除此之外,利益相关者对项目的态度以及支持度也与他们的需求紧密相连。利益相关者的需求与项目目标保持一致,他们对项目是持积极支持的态度,而他们自身的利益被项目实施或运营所损害,他们则对项目持反对态度。(Nguyen & Skitmore et al.,2009)因此,除了分析利益相关者需求的重要性之外,还要结合项目目标与需求之间的关系,来判断他们对项目的初步态度。

(2)贡献

与贡献相关的分析维度特征是重要性、责任等。Achterkamp & Vos(2008)认为利益相关者在项目中扮演的角色包括业主、决策者、设计者和影响者。这些角色在项目过程中的活动内容以及承担的责任不同,有的利益相关者对于项目建设是绝对不可或缺的,起着决定性作用,而有的利益相关者则起不到决定性作用。(刘奇等,2010)利益相关者要扮演角色并承担相应的责任则必须投入相应的资源,这些资源构成项目目标实现的基础。不少学者将是否投入相应的资源作为界定项目利益相关者的标准,例如李胜杰(2009)和吴仲兵等(2011)认为利益相关者参与项目进行了专用性资产投资。利益相关者投入资源对于项目目标实现的关键程度之间存在差异,而关键程度取决于他们所拥有资源的状况。(谢珏敏、魏晓平,2006;刘飞等,2008)

(3)风险

项目利益相关者既包括影响项目的个人和组织,同时也包括被项目影响的个人和组织。这些被项目影响的个人和组织在项目实施和运营过程中往往承担的是风险。然而,现有学者研究更多集中于那些影响项目的利益相关者,即那些参与项目实施活动并投入相应资源的个人或组织。例如,利益相关者在参与项目过程中,投入了专用性资产的同时也承担了相应的风险。这些风险表现为物质风险、能量风险、信息风险、组织风险、合同风险、文化风险、竞争风险等。(张宁,2010;何旭东,2011)然而,项目能否成功取决于利益相关者对风险是否合理承担。

(4)影响力

对项目利益相关者影响力的分析集中于他们对项目决策或者实施的影响程度,大部分学者是从权力的角度来定义利益相关者的影响力。例如,利益相关者拥有的终结项目的权力(Bourne,2005)、影响项目决策的权力(Newcombe,2003),以及影响项目决策的地位、资源、能力和手段(王进、许玉洁,2009)等。除了对权力进行分析外,还有学者结合其他的维度特征对利益相关者的影响力进行综合分析。Bourne & Walker(2005)借鉴风险管理的思想构建了利益相关者既得利益影响力指数。Olander(2007)认为仅仅从权力来评判利益相关者对项目的影响力不够全面,他建议从利益相关者的属性以及他们对项目的态度来构建影响力指数。在此基础上,他改进了利益相关者影响力指数。然而,Nguyen & Skitmore(2009)指出Olander(2007)的利益相关者影响力指数中存在对权力的重复计算,同时,利益相关者参与项目的程度也会对他们的影响力产生影响。他们对Olander(2007)的利益相关者影响力指数进行修正,增加了参与程度和了解程度两个标准来构建项目利益相关者影响力指数。

(5)动态性

除了对上述的几个维度特征进行分析外,还有少部分学者对项目全过程中的动态变化进行了研究。Olander & Landin(2005)采用权力/利益矩阵对瑞典的一个住宅项目和铁路项目进行案例分析,发现利益相关者的权力和利益两个维度在不同阶段中呈现出变化。Olander(2007)采用利益相关者影响力指数对三个项目进行案例分析,最终结果显示利益相关者不仅对于项目的兴趣程度在各个阶段呈现出差异,同时他们对项目的态度在不同阶段也有明显变化。丁荣贵(2004)指出不同利益相关者在不同阶段中的责任和角色内容都不相同。随着项目的进展,有的利益相关者的责任和角色逐渐消亡,而有的利益相关者的责任和角色则越来越关键。(王进、许玉洁,2009)同时,不同利益相关者承担的角色和责任对于项目各个阶段目标的重要程度也不同。刘奇等(2010)对城市轨道交通项目十五个利益相关者在项目策划、实施和运营阶段中的重要性进行问卷调查,发现利益相关者的重要性在建设项目过程中具有动态变化的属性。吕萍等(2013)和谢琳琳、杨宇(2012)的研究表明利益相关者的影响力在项目不同阶段具有不同程度的变化。

4.2.2 项目利益相关者分析述评

(1)分析模式

从现有的项目利益相关者分析模式来看,主要包括以下两种。

一种是首先识别项目利益相关者的需求,评估他们对项目的影响,并以此排列需求满足的先后顺序。这种分析模式更多是将利益相关者作为影响项目目标的不确定性因素或者潜在风险。由于项目资源的有限性等特征,采用这种分析模式会首先满足对项目影响大的利益相关者的需求,而那些对项目影响力小的个人或者群体的需求有可能未得到满足。尽管这种分析模式看似能够最大限度地减少利益相关者对项目的负面影响,但是,往往这些排在最后的利益相关者,他们是项目决策或实施过程中的最大潜在风险,他们对项目所产生的影响是无法估计的。一旦他们的需求没有得到满足,他们将会采取形成联盟或者求助媒体等方式来对项目的实施产生更大的影响,以达到需求的满足。

另一种分析模式是根据他们的重要性来进行分析,比如刘奇等(2010)对城市轨道交通项目的利益相关者重要性分析,李胜杰(2009)从资产专用性进行分析,以及刘飞(2008)根据项目利益相关者的重要性——核心资源和能力进行分析等。根据项目利益相关者的重要性来进行分析,是将利益相关者对项目投入资源的关键程度作为分析依据。利益相关者的重要性不仅仅体现在投入资产对于项目的关键性,还表现在其在项目中所承担的风险。目前学者们对利益相关者风险的分析集中在资产专用性投资所带来的风险,忽视了那些被项目实施和运营影响的利益相关者所承担的风险。例如,项目的周边社区、拆迁方等。尽管利益相关者的重要性会赋予他们一定的影响力,然而这只是利益相关者影响力的一个组成部分,而且不是影响力的全部。因此,仅仅从重要性来进行分析和管理并不能确保最终结果的科学性。

(2)项目利益相关者分析维度的缺陷

①分析模式缺乏全面性。

根据上述的分析,可以知道现有的分析维度大多只是利益相关者的重要性或者影响力中的一个方面。虽然对利益相关者重要性进行分析在一定程度上能够实现公平和公正,却不能确保实施过程的顺利;从影响力的角度对利益相关者进行分析能够在一定程度上确保项目的顺利实施,却可能造成更大的威胁。

②分析维度特征缺乏合理性。

尽管目前学者们采用的维度特征多达十五个,然而学者们界定这些维度时更多是基于表面上的差异。例如,利益性与主动性之间存在紧密联系,这两个分析维度特征实质上都是利益相关者需求的重要性的体现;类似的还有紧迫性与主动性等。要对利益相关者进行分类管理,所采取的分析维度特征必须反映出各利益相关者之间的本质区别,而不是表面上的差异。

③未注重需求的变化特征。

尽管有学者已经对这些不同分析维度特征的动态变化进行验证,但是缺乏对利益相关者需求满足状况的变化进行分析。尹贻林、胡杰(2006)指出,随着项目的进行和项目环境的改变,项目利益相关者的需求可能发生重要变化。Olander & Landin(2005)和Olander(2007)的研究证明了利益相关者需求满足状况的变化是引发他们实施所拥有的权力去影响项目的主要动力。因此,除了对权力、风险、贡献等进行全生命周期分析之外,还必须密切关注利益相关者的需求满足状况。

4.2.3 项目利益相关者集成分析维度

根据学者现有对利益相关者的需求、贡献、风险、影响力和动态性的分析维度,在现有分析模式的基础上,本研究提出了一个集成的利益相关者分析框架,如图4.1所示。在本研究所提出的项目利益相关者集成分析框架,主要包括项目利益相关者的需求、贡献、风险和权力四个维度特征。同时,对这四个维度特征在项目全生命周期各个阶段进行探讨,以分析各维度特征的变化。

(1)利益相关者需求分析

进行项目利益相关者分析,首要任务是识别出利益相关者的需求,并分析这些需求对他们自身的重要性。通常,利益相关者对项目的需求往往不止一个,这些不同需求对于他们自身的重要程度也不相同。除此之外,要分析需求与项目目标之间的关系,以预测利益相关者对项目的态度以及可能出现的行为;还要对各利益相关者需求在项目实施过程中的满足程度进行探讨,需求的满足程度直接影响他们是否实施权力来影响项目。

(2)利益相关者贡献分析

利益相关者对于项目存在需求,他们会投入相应资源来积极参与项目,这些资源构成了项目目标完成的基本物质条件,包括:①资金;②物质资源(机械、设备、办公场所、项目地址等);③技术资源;④人力资源(技能、知识、经验、声誉、培训等);⑤组织资源(内部组织结构、管理过程及步骤等);⑥社会资源(外部关系、社会网络、行业合作、专业协助等)。不同利益相关者针对项目提供的资源不同,这些资源对实现项目目标的必要程度不同,同时,这些资源的可替代性也不同。因此,不同利益相关者对实现项目目标的贡献也不同。

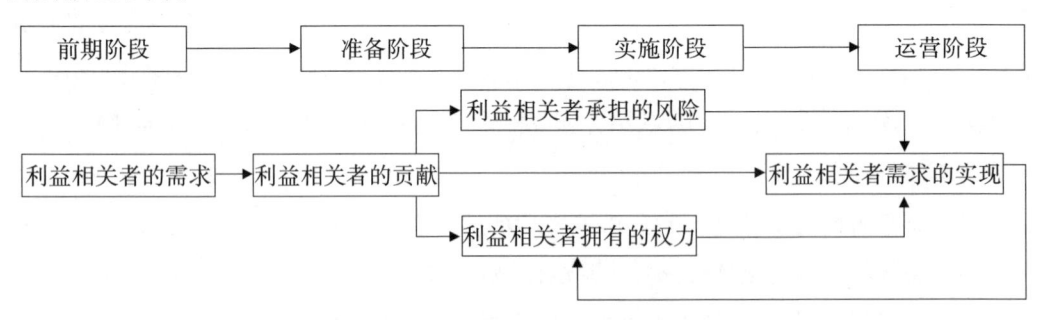

图4.1 项目利益相关者集成分析框架

(3)利益相关者风险分析

项目是利益相关者的集合体,每个利益相关者在项目中都会承担一定的风险。除了要注重投资相关资源所带来的风险之外,还必须注意那些被项目影响的个人或组织。他们的权益往往受到项目实施或运营的影响,从而导致他们有可能成为项目真正的风险来源。通过识别出利益相关者在项目中承担的风险,并在利益相关者之间合理分配,确保各利益相关者的权益。

(4)利益相关者权力分析

项目利益相关者的权力是指影响项目决策和项目实施过程的能力。权力是一个人或者若干人在社会生活中即使受到其他人的抵制,仍有机会实现他们的意愿的能力。Mitchell & Wood(1997)的利益相关者显著性模型中对权力的定义为影响决策的地位、资源、能力和手段。Handy(1993)认为项目中的利益相关者的权力主要来源于职位、资源、专业技能、个人魅力,而个人魅力赋予的权力很难进行评估。因此,项目利益相关者权力来源往往包括职位、资源和技能。其中,职位是在项目中承担的角色或拥有的奖励或惩罚的权力;技能赋予的权力则是为项目完成提供所需的技能而拥有的权力,包括管理技能、职业技能、专业技能、知识技能等;资源赋予的权力则是为项目完成提供所需的资源而拥有的权力。

4.2.4 项目利益相关者集成分析模式

根据图4.1以及项目利益相关者集成分析的内容(贡献、权力、风险和需求),本研究提出了项目利益相关者集成分析模式,主要包括以下3个方面。

(1)项目利益相关者的满意度

项目利益相关者的满意度分析建立在其需求识别的基础上,对他们需求的满足程度进行研究。目前,利益相关者满意度既作为利益相关者管理的目标又作为依据,是学者们探讨的重要内容。值得注意的是,项目的渐进性等特征决定了不同利益相关者需求满足的时间也不相同。因此,对利益相关者满意度的分析必须结合不同的阶段来进行。

(2)项目利益相关者的重要性

项目利益相关者的重要性是基于他们投入的资源和所承担的风险共同界定。不同利益相关者投入的资源在项目不同阶段中的关键程度不同。同时,在不同阶段中利益相关者所承担的风险以及权益被项目影响的程度也不同,由此可能带来的是不同利益相关者在项目不同阶段中的重要性不同。

(3)项目利益相关者的影响力

项目利益相关者的影响力是基于他们拥有影响项目实施或决策的权力,结合利益相关者的满足程度来进行分析。根据上述的分析,利益相关者的需求得到满足,他们则不会行使相应的权力来影响项目的实施或决策,而一旦需求没有得到满足,他们行使相应的权力的可能性较大。因此,根据利益相关者需求的满足情况,并结合他们所拥有的权力,探讨项目利益相关者的影响力,能够判断各利益相关者对于项目实施或决策的影响程度。同时,由于利益相关者的需求和权力在全生命周期各个阶段中是动态变化的,因此,必须注意到他们的影响力也具有动态变化的特征。

4.3 基础设施项目可持续建设中利益相关者的实证分析

为了验证利益相关者集成分析框架的合理性,本研究对4.1中识别出的13个利益相关者进行实证分析。本研究集中于基础设施项目的决策阶段,因此,此处的问卷调查不涉及动态性的维度特征。同时,需求分析则主要从他们的满意度来进行探讨,这个部分留在后续章节进行分析,在此处主要分析利益相关者对可持续建设实施的贡献、风险以及权力。

4.3.1 研究方法

(1)问卷设计

问卷包括四个部分:首先,对问卷调查目的以及相关概念进行介绍;然后,收集问卷填

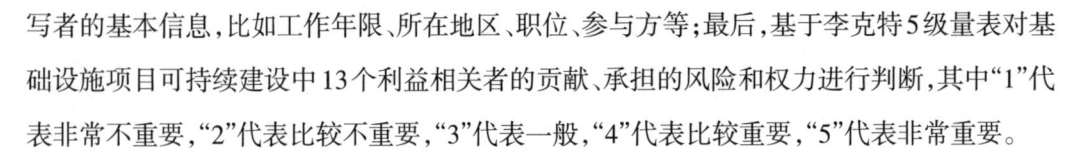

写者的基本信息，比如工作年限、所在地区、职位、参与方等；最后，基于李克特5级量表对基础设施项目可持续建设中13个利益相关者的贡献、承担的风险和权力进行判断，其中"1"代表非常不重要，"2"代表比较不重要，"3"代表一般，"4"代表比较重要，"5"代表非常重要。

(2)数据收集

问卷调查采用纸质问卷填写与网络调查相结合的方式。其中，纸质问卷调查直接将问卷邮寄至问卷填写者的住址，而网络调查则通过QQ群以及其他方式邀请相关人员进行填写，包括在线调查系统和将问卷以电子邮件的方式发至填写者的邮箱中。本研究问卷调查时间为2011年9月至2011年12月，历时4个月。为了扩大问卷的发放量，本次调查采用了"滚雪球"的方式，请问卷填写者邀请他们的同事、同学等参与问卷填写。最后，共计发放问卷800份，实际回收174份，回收率21.75%，其中回收问卷的有效数为102份，问卷有效率58.62%。

①问卷调查的范围包括了重庆市、天津市、北京市、上海市、四川省、湖北省、湖南省、河南省、河北省、广东省、广西壮族自治区、山东省、陕西省、贵州省、甘肃省、江苏省、云南省、内蒙古自治区、浙江省等23个省(区、市)，涵盖了全国大部分省(区、市)。

②从问卷填写者参照的基础设施类型来看，交通运输项目45份、给排水项目16份、能源项目16份、环保项目25份，分别占样本总量的44.12%、15.69%、15.69%、24.51%。

③从问卷填写者的工作年限分析，工作不足1年的7份，1~2年的19份，2~5年的22份，5~10年的24份，11~15年的17份，15年以上的13份，分别占样本总量的6.86%，18.63%、21.57%、23.53%、16.67%、12.75%。

为了确保问卷数据的信度，对这102份问卷整理后的数据进行Cronbach's α系数计算，结果如表4.4。

表4.4 样本信度

变量	Cronbach's α 系数	变量数
贡献	0.703	13
风险	0.716	13
权力	0.838	13

根据SPSS软件的Cronbach's α系数计算结果，问卷调查3个维度的Cronbach's α系数分别为0.703、0.716和0.838，Cronbach's α系数均大于0.7，即问卷数据具有较高的信度。

(3)数据分析方法

①曼-惠特尼U检验。曼-惠特尼U检验是由H.B. Mann和D.R. Whitney于1947年提出的,又称为Wilcoxon秩和检验,主要用于确定两个独立样本之间是否存在差异的一种非参数检验方法。曼-惠特尼U检验假设两个样本分别来自除了总体均值以外完全相同的两个总体,目的是检验这两个总体均值是否有显著性差异,是对两均值之差的参数检验方式的T检验或者相应大样本正态检验的代用品。(袁竞峰,2009)

曼-惠特尼U检验可以用于判断两个总体在中心位置上是否相同,即考察总体X的中位数M_x和总体Y的中位数M_y是否相等,因此可以提出如下假设:

$H_0: M_x = M_y$

$H_1: M_x \neq M_y$

如果H_0为真,将M个x和N个y的数据混合在一起并进行排列,若大部分的x大于y,或大部分的y大于x,则不能证明$n+m=N$个数据来自同一个总体,则拒绝H_0。曼-惠特尼U检验的统计值为U,如果U值高于某一显著性水平(一般设定为0.05),则表示不存在差异,即接受H_0假设;否则说明存在显著性差异,应该拒绝H_0,接受H_1。

②克鲁斯卡尔-沃利斯检验。克鲁斯卡尔-沃利斯检验是由W. H. Kruskal和W. Allen-Wallis于1952年提出的,是用于检验多个总体是否相同的一种非参数检验方法。方差分析用于检验多独立总体均值是否相等的参数方法,需要总体服从正态分布且方差相等,然而克鲁斯卡尔-沃利斯检验则不需要这些假设条件。克鲁斯卡尔-沃利斯检验研究K个总体是否相同,提出如下假设:

H_0:所有总体都相同;

H_1:并非所有总体都相同。

设K个总体的中位数分别为$M_1, M_2, \cdots, M_k$,上述假设可以描述为:

$H_0: M_1 = M_2 = \cdots = M_k$;

$H_1: M_1, M_2, \cdots, M_k$不全相同。

克鲁斯卡尔-沃利斯检验从每个总体中抽出一个样本,共有K个独立样本,每个样本的样本量为$n_1, n_2, \cdots, n_k$。对于含有n_i个观察值的第i个样本来讲,设实际秩的总和为R_i,第i个样本实际秩和与期望秩和的差值为$R_i - n_i(N+1)/2$。如果H_0为真,那么$R_i - n_i(N+1)/2$应该很小,否则应该怀疑H_0。因此,克鲁斯卡尔-沃利斯检验的统计量是建立在实际秩和与期望秩和差值$[R_i - n_i(N+1)/2]$的基础上,计算公式为(4.1):

$$H = \frac{12}{N(N+1)} \sum_{i=1}^{k} \frac{R_i^2}{n_i} - 3(N+1) \tag{4.1}$$

计算出统计量的P值并做出决策,若$P < \alpha$(α通常取值为0.05),则拒绝H_0,表明K个

总体不相同,否则接受H_0,即表明K个总体之间不存在显著性差异。

4.3.2 数据分析

采用曼-惠特尼U检验进行统计分析主要包括:①利益相关者之间在对基础设施项目可持续建设的贡献方面是否存在差异;②利益相关者之间在风险方面是否存在差异;③利益相关者之间在权力方面是否存在差异;④各利益相关者在贡献、风险和权力三个维度特征之间是否存在差异,而采用克鲁斯卡尔-沃利斯检验则分析利益相关者的贡献、风险以及权力在不同类型项目中是否存在差异。

(1)贡献方面

首先计算出各利益相关者在基础设施项目可持续建设中贡献方面的均值,并根据曼-惠特尼U检验来判断各利益相关者在贡献方面是否存在差异,数据分析结果如表4.5所示。

表4.5 利益相关者贡献方面的均值

利益相关者	均值	方差	排名
政府(ST1)	4.471	1.065	6
业主(ST2)	4.755	0.636	1
设计方(ST3)	4.628	0.637	4
施工方(ST4)	4.656	0.682	3
供应方(ST5)	3.724	1.055	11
监理方(ST6)	3.557	1.247	12
咨询方(ST7)	4.500	1.041	5
运营方(ST8)	3.912	1.161	8
科研机构(ST9)	3.892	1.183	9
金融机构(ST10)	4.324	0.9351	7
周边社区(ST11)	3.725	1.265	10
社会公众(ST12)	3.392	1.372	13
拆迁方(ST13)	4.677	0.647	2

从表4.5中,可以知道利益相关者对基础设施项目可持续建设贡献方面的均值,业主、拆迁方、施工方、设计方和咨询方排在前五位,而供应方、监理方和社会公众则排在后三位。然而,不能简单地依据均值大小来判断各利益相关者之间存在差异,因为这没有统计意义。(马庆国,2002)为了检验利益相关者之间在贡献方面是否存在差异,进行曼-惠特尼U检验分析,结果如表4.6所示。根据表中数据分析结果,可以得到利益相关者之间对可持续建设贡献方面的差异,单元格中带星号的表明各利益相关者之间在贡献方面呈现出显著性差异,而不带星号的则不存在显著性差异。

表4.6 利益相关者贡献方面曼-惠特尼U检验结果

	ST2	ST3	ST4	ST5	ST6	ST7	ST8	ST9	ST10	ST11	ST12	ST13
ST1	-3.675**	-1.833	-2.287	-0.210	-5.577**	-3.513**	-1.763	-3.660**	-0.710	-3.733**	-5.952**	-2.486
ST2		-1.919	-1.476	-3.557**	-7.949**	-6.371**	-1.814*	-6.491**	-4.031**	-6.305**	-8.259**	-1.200
ST3			-0.459	-1.869	-6.806**	-4.972**	-0.029	-5.108**	-2.370	-5.036**	-7.141**	-0.700
ST4				-2.272	-7.075**	-5.310**	-0.405	-5.443**	-2.768*	-5.236**	-7.404**	-0.235
ST5					-4.853**	-2.977*	-1.743	-3.103*	-0.412	-3.264**	-5.297**	-2.498
ST6						-2.106	-6.264**	-1.997	-4.663**	-1.184	-0.755	-7.216**
ST7							-4.604**	-0.123	-2.667*	-0.664	-2.715*	-5.472**
ST8								-4.773**	-2.191*	-4.614**	-6.609**	-6.518
ST9									-2.792*	-0.559	-2.598*	-5.597**
ST10										-3.066*	-5.148**	-2.975*
ST11											-1.912	-5.530**
ST12												-7.551**

通过对表4.6整理,发现一共有49对利益相关者呈现出显著性差异。其中,与其他利益相关者呈现出差异最多的利益相关者是社会公众,一共与10个利益相关者在贡献方面呈现出显著性差异;而在贡献均值排名前三位的利益相关者,即业主、拆迁方和施工方,与他们呈现出显著性差异的利益相关者相对来说较为一致,一共与9个利益相关者呈现出显著性差异。

结合表4.5中对各利益相关者在贡献方面重要性的调查结果,各利益相关者对基础设施项目可持续建设贡献的总体均值为4.170。因此,以4.170为界限,结合各利益相关者贡献的关键性差异分析结果,可以将利益相关者分为两大类,一类为基础设施项目可持续建设中贡献相对较关键的利益相关者,另一类为相对非关键的利益相关者,分类结果如表4.7所示。

表4.7 利益相关者贡献方面分类

分类对象	贡献相对较关键(均值>4.170)	贡献相对较非关键(均值<4.170)
利益相关者	政府、业主、设计方、施工方、咨询方、金融机构、拆迁方	监理方、运营方、科研机构、供应方、周边社区、社会公众

(2)风险方面

类似对贡献方面的分析过程,首先计算出各利益相关者在基础设施项目可持续建设中风险方面的均值(见表4.8)。根据表中的计算结果,发现周边社区、施工方和拆迁方排在风险方面的前三位,意味着他们对基础设施项目可持续建设承担的风险较大。然而,值得注意的是,社会公众在风险方面的排名相对于贡献方面的排名有所上升,在贡献方面排名第十三位,在风险方面排名第八位,这也代表了利益相关者的不同属性之间可能存在差异。

表4.8 利益相关者风险方面的均值

利益相关者	均值	方差	排名
政府(ST1)	3.647	1.332	4
业主(ST2)	3.500	1.183	5
设计方(ST3)	3.108	1.098	7
施工方(ST4)	4.127	1.240	2
供应方(ST5)	2.696	1.141	10
监理方(ST6)	2.353	1.207	13
咨询方(ST7)	2.628	1.363	12
运营方(ST8)	3.147	1.302	6
科研机构(ST9)	2.804	1.072	9
金融机构(ST10)	2.677	1.252	11
周边社区(ST11)	4.529	0.909	1
社会公众(ST12)	2.872	1.040	8
拆迁方(ST13)	4.088	1.045	3

表4.9 利益相关者风险方面曼-惠特尼U检验结果

	ST2	ST3	ST4	ST5	ST6	ST7	ST8	ST9	ST10	ST11	ST12	ST13
ST1	−2.756*	−3.291**	−4.537**	−5.167**	−6.484**	−5.088**	−1.106	−4.810**	−5.094**	−5.041**	−2.870*	−2.247
ST2		−0.103	−1.529	−2.501*	−4.299**	−2.803*	−1.982*	−1.195	−2.276*	−7.754**	−5.406**	−5.237**
ST3			−1.666	−2.786*	−4.595**	−2.872*	−2.440*	−2.087*	−3.079*	−8.724**	−6.282**	−6.186**
ST4				−1.263	−3.440**	−1.742	−3.903**	−0.481	−1.687	−9.648**	−7.283**	−7.393**
ST5					−2.245*	−0.699	−4.718**	−0.778	−0.470	−9.741**	−7.654**	−7.786**
ST6						−1.334	−6.210**	−2.993*	−1.872	−10.490**	−8.477**	−8.719**
ST7							−4.611**	−1.343	−0.466	−9.355**	−7.274**	−7.284**
ST8								−4.277**	−4.751**	−6.792**	−4.200**	−3.715**
ST9									−1.196	−9.772**	−7.453**	−7.581**
ST10										−9.334**	−7.227**	−7.471**
ST11											−2.664*	−3.803**
ST12												−1.022

采用曼-惠特尼U检验来分析各利益相关者之间在风险方面是否存在差异,数据分析结果如表4.9。对表中检验结果进行整理,发现与其他利益相关者在风险方面存在显著性差异最多的是排名第一位的利益相关者——周边社区,与12个利益相关者都存在显著性差异。主要是由于周边社区不仅承担项目建设过程中的环境影响,同时项目运营过程中所带来的经济、环境以及社会方面的影响也都由他们承担。同样,拆迁方所承担的风险也较大,其主要承担的是经济和社会方面的风险。

根据各利益相关者在可持续建设中承受风险程度的均值,计算出总体均值为3.244。采用对利益相关者贡献方面分类的方法,找出承受风险较大的利益相关者和承受风险相对较轻的利益相关者,结果如表4.10。

表4.10 利益相关者风险方面分类

分类标准	承受风险相对较多(均值>3.244)	承受风险相对较少(均值<3.244)
利益相关者	政府、业主、周边社区、施工方、拆迁方	运营方、设计方、供应方、监理方、咨询方、科研机构、金融机构、社会公众

(3)权力方面

各利益相关者在基础设施项目可持续建设权力方面的均值统计,如表4.11所示。根据表中的均值统计结果,业主、监理方、政府、施工方在基础设施项目可持续建设权力方面分别排名前四位,而周边社区、拆迁方、社会公众以及科研结构则排在后四位。值得注意的是,周边社区、社会公众和拆迁方所承担的风险较大,而所拥有的权力较小,这也是许多学者将他们作为项目弱势群体的主要原因。监理方由于其职位所赋予的权力较大,其在基础设施项目可持续建设中的权力也较大。

表4.11 利益相关者权力方面的均值

利益相关者	均值	方差	排名
政府(ST1)	3.961	1.089	3
业主(ST2)	4.451	1.077	1
设计方(ST3)	3.825	1.206	6
施工方(ST4)	3.863	1.186	4
供应方(ST5)	3.294	1.182	9
监理方(ST6)	4.127	1.287	2
咨询方(ST7)	3.303	1.225	8
运营方(ST8)	3.863	1.211	4
科研机构(ST9)	2.51	1.333	13
金融机构(ST10)	3.618	1.203	7
周边社区(ST11)	3.265	1.289	10
社会公众(ST12)	2.677	1.136	12
拆迁方(ST13)	2.723	1.204	11

表4.12 利益相关者权力方面曼-惠特尼U检验结果

	ST2	ST3	ST4	ST5	ST6	ST7	ST8	ST9	ST10	ST11	ST12	ST13
ST1	−4.162**	−0.671	−0.450	−4.809**	−1.906	−3.908**	−0.373	−7.262**	−2.075*	−3.929**	−7.227**	−6.829**
ST2		−4.501**	−4.255**	−7.451**	−2.234*	−7.280**	−4.390**	−9.225**	−5.839**	−7.272**	−9.225**	−8.905**
ST3			−0.205	−3.241**	−2.320*	−3.081*	−0.270	−6.752**	−1.301	−3.166*	−6.336**	−5.974**
ST4				−3.443**	−2.042*	−3.273**	−0.040	−6.782**	−1.495	−3.393**	−6.465**	−6.108**
ST5					−5.503*	−0.075	−3.568**	−4.279**	−1.978	−0.038	−3.848**	−3.495**
ST6						−5.269**	−2.194*	−7.636**	−3.731**	−5.262**	−7.543**	−7.186**
ST7							−3.415**	−4.265**	−1.859	−0.123	−3.818**	−3.746**
ST8								−6.694**	−1.647	−3.438**	−6.590**	−6.211**
ST9									−5.696**	−3.793**	−1.309	−1.473
ST10										−1.915	−5.525**	−5.150**
ST11											−3.426*	−3.099*
ST12												−0.201

根据采用曼-惠特尼U检验对各利益相关者在基础设施项目可持续建设的权力进行检验的结果(如表4.12所示),发现一共59对利益相关者呈现出显著性差异。科研机构是权力最小的利益相关者之一,这主要是由于他们更多的是提供项目所需的技术,而对于项目是否实施相关的技术则缺乏决定权。

采用上述贡献分类的方法识别在基础设施项目可持续建设中权力相对较大的利益相关者和权力相对较小的利益相关者。根据利益相关者在基础设施项目可持续建设中权力的均值,得到总体均值3.498,再结合曼-惠特尼U检验结果,得到表4.13。

表4.13 利益相关者权力方面分类

分类标准	权力相对较大(均值>3.498)	权力相对较小(均值<3.498)
利益相关者	政府、业主、设计方、施工方、监理方、运营方、金融机构	供应方、咨询方、科研机构、周边社区、社会公众、拆迁方

(4)利益相关者之间差异分析

根据上述基础设施项目可持续建设中各利益相关者之间在贡献、风险和权力3个方面的曼-惠特尼U检验结果,可以得知利益相关者两两之间在这3个维度中可能存在差异。为了进一步验证各利益相关者在基础设施项目可持续建设中的贡献、风险以及权力3个维度之间是否存在差异,需要对这3个维度进行曼-惠特尼U检验,检验结果如表4.14所示。根据表中的检验结果,得出以下3个结论。

表4.14 利益相关者在贡献、风险和权力方面曼-惠特尼U检验结果

	政府	业主	设计方	施工方	供应方	监理方	咨询方	运营方	科研机构	金融机构	周边社区	社会公众	拆迁方
贡献与风险	-2.463* (0.014)	-9.186** (0.000)	-9.594** (0.000)	10.594** (0.000)	-8.756** (0.000)	-6.320** (0.000)	-6.426** (0.000)	-6.811** (0.000)	-6.422** (0.000)	-5.452** (0.000)	-4.812** (0.000)	-4.229** (0.000)	-1.864 (0.330)
贡献与权力	-1.151 (0.250)	-0.856 (0.310)	-5.275** (0.000)	-5.33** (0.000)	-6.548** (0.000)	-3.84** (0.000)	-3.663** (0.000)	-4.762** (0.000)	-6.875** (0.000)	-3.25 (0.003)	-2.728* (0.006)	-3.874** (0.000)	-10.284** (0.000)
风险与权力	-1.485 (0.137)	-7.334** (0.000)	-4.377** (0.000)	5.739** (0.000)	-3.677** (0.000)	-8.365** (0.000)	-3.643** (0.000)	-2.402* (0.016)	-2.049* (0.040)	-5.33** (0.000)	-7.66** (0.000)	-7.602** (0.000)	-7.451** (0.000)

①利益相关者的贡献与承担的风险之间呈现出显著性差异。

从上述的数据可以知道,除了拆迁方在基础设施项目可持续建设中的贡献与承担的风险之间没有呈现出显著性差异之外,其余利益相关者的贡献与承担的风险之间都呈现出显著的差异。表明拆迁方对可持续建设的贡献与其所承担的风险都较大。同时,值得注意的是,利益相关者中的运营方和设计方,他们对可持续建设的贡献非常关键,然而承担的风险相对较小。

②利益相关者的贡献与权力之间呈现出一定的差异。

对利益相关者在可持续建设中的权力进行界定时,将利益相关者提供的资源作为权力的来源之一。除了政府和业主之外,其余的利益相关者在可持续建设中的权力与其贡献之间都呈现出显著性差异。这表明在可持续建设过程中,利益相关者投入了资源并不代表他们能够拥有相应的权力,因为权力的来源可能包括其他方面,如技能、职位等。在这些利益相关者中,尤其值得注意的是拆迁方。拆迁方对于项目可持续建设提供的资源是必不可少的,然而其拥有的权力却排在所有利益相关者中的倒数第三位。

③利益相关者承担的风险与权力之间呈现出差异。

从上述的分析结果可知,除了政府承担的风险与拥有的权力之间没有显著性差异之外,其余利益相关者承担的风险与拥有的权力之间都存在显著性差异。其中,周边社区、社会公众和拆迁方在项目可持续建设中承担的风险和拥有的权力之间存在的差异很大,他们都承担了较高的风险,但拥有的权力很小。

(5)各利益相关者的贡献、风险和权力在不同类型项目之间的差异

为了进一步验证各利益相关者在基础设施项目可持续建设中的贡献、风险和权力在不同类型项目中是否存在差异,采用了克鲁斯卡尔-沃利斯检验。首先,对问卷填写者所参与的项目进行分类,分为交通运输项目、给排水项目、能源项目和环保项目,然后采用克鲁斯卡尔-沃利斯检验对这13个利益相关者的贡献、风险和权力在不同类型项目中是否存在差异进行检验,最终检验结果如表4.15所示。

表4.15 利益相关者的贡献、风险和权力的克鲁斯卡尔-沃利斯检验结果

利益相关者	贡献	风险	权力
政府(ST1)	2.320(0.509)	4.440(0.258)	6.393(0.094)
业主(ST2)	2.360(0.506)	0.377(0.945)	1.920(0.589)
设计方(ST3)	3.536(0.284)	6.476(0.091)	6.936(0.074)
施工方(ST4)	3.898(0.273)	0.082(0.994)	3.189(0.363)
供应方(ST5)	7.195(0.058)	3.803(0.283)	5.442(0.142)
监理方(ST6)	1.951(0.583)	6.927(0.068)	2.818(0.41)
咨询方(ST7)	0.664(0.882)	2.594(0.459)	2.050(0.47)

续表

利益相关者	贡献	风险	权力
运营方(ST8)	1.603(0.609)	3.046(0.358)	6.131(0.105)
科研机构(ST9)	1.586(0.609)	1.612(0.614)	0.715(0.87)
金融机构(ST10)	1.977(0.577)	5.139(0.162)	7.015(0.061)
周边社区(ST11)	2.274(0.518)	1.833(0.608)	6.419(0.094)
社会公众(ST12)	2.793(0.505)	3.434(0.304)	3.695(0.296)
拆迁方(ST13)	3.805(0.283)	1.005(0.639)	3.404(0.333)

分析表4.15中数据，发现这13个利益相关者的贡献、风险以及权力在不同类型项目中（交通运输项目、给排水项目、能源项目和环保项目）全部未呈现出显著性差异。这一检验结果表明各利益相关者在可持续建设中的3个维度——贡献、风险和权力，在不同类型基础设施项目中总体上表现出一致性。这一检验结果为构建各利益相关者参与基础设施项目可持续建设方案决策权重奠定基础。

4.3.3 利益相关者分类

结合各利益相关者在贡献、风险和权力3个方面的分析结果，可以知道不同利益相关者在基础设施项目可持续建设中的贡献、风险以及权力方面存在差异。根据利益相关者贡献、风险和权力3个方面的分类结果，可以将利益相关者分为以下3个主要类型。

①核心型利益相关者。核心型利益相关者在基础设施项目可持续建设实施过程中贡献较大、承担的风险较多，同时拥有较大的权力。从上述的统计结果可知，属于核心型利益相关者的是政府和业主。

②关键型利益相关者。关键型利益相关者在贡献、承担风险和权力3个方面中，至少在其中两个方面的得分均大于均值。这类利益相关者要么对于基础设施项目可持续建设提供的资源非常关键，要么拥有较大的权力，对项目可持续建设的顺利实施起到关键的作用或者影响。根据上述表格的统计结果，可以知道属于关键型利益相关者的是设计方、施工方、金融机构、拆迁方。

③蛰伏型利益相关者。蛰伏型利益相关者是在贡献、风险和权力3个方面中，只在其中一个方面的得分均大于均值。他们要么拥有较大的权力，或者承担着较大的风险。对这类利益相关者必须加以关注，否则一旦他们的需求没有得到满足，他们将会从蛰伏状态跃升为活跃状态，其反应可能会非常强烈，从而直接影响可持续建设的顺利实施。根据上述表格的统计，蛰伏型利益相关者包括运营方、监理方、周边社区、咨询方。

④次要型利益相关者。次要型利益相关者在贡献、风险和权力3个方面中，没有哪个方面的得分均大于均值。他们往往是被动受到项目的影响，通常重要性较低，同时也没有

拥有很大的权力来影响项目可持续建设的实施。属于次要型利益相关者的是供应方、社会公众和科研机构。

4.3.4 结论

① 在基础设施项目可持续建设的贡献、风险和权力3个方面中，各利益相关者之间呈现出一定程度的差异。根据对各利益相关者3个维度表现进行曼-惠特尼U检验以及分类的结果，可以知道业主、拆迁方、施工方等7个利益相关者在贡献方面较为关键，承担风险较多的是政府、周边社区、拆迁方、业主和施工方5个利益相关者，而拥有较大权力的是政府、业主、设计方、施工方、监理方、运营方以及金融机构7个利益相关者。

② 利益相关者在基础设施项目可持续建设中的贡献、风险和权力3个方面互相之间呈现出一定差异。除了政府在贡献与权力、风险与权力，业主在贡献与权力，拆迁方在贡献与风险之间没有呈现出差异，其余的利益相关者在贡献、风险、权力3个维度互相之间都存在差异。

③ 各利益相关者在基础设施项目可持续建设中的贡献、风险和权力3个方面在不同类型项目中未呈现出差异。根据对各利益相关者3个维度在不同类型项目中进行克鲁斯卡尔-沃利斯检验的结果，各利益相关者3个维度在不同类型基础设施项目中均未出现差异。

4.4 本章小结

本章首先识别出了基础设施项目可持续建设中的13个利益相关者，包括政府、业主、设计方、施工方、供应方、监理方、运营方、咨询方、科研机构、金融机构、周边社区、社会公众、拆迁方。其次，在对多维细分法在项目管理领域中的应用进行整理、分析和总结的基础上，提出了项目利益相关者集成分析框架，该框架包括4个分析维度——需求、贡献、风险和权力，以及3个分析模式——满意度、重要性和影响力。再次，采用该集成分析框架中的3个维度，即贡献、风险和权力，对识别出的基础设施项目可持续建设13个利益相关者进行实证分析。结果表明在贡献、风险和权力3个分析维度上，各利益相关者之间呈现出一定程度的差异，而各利益相关者在这3个维度互相之间还呈现出一定的差异，以及在不同类型基础设施项目中各利益相关者在这3个维度总体上保持一致，未呈现出差异。最后，根据这3个维度的实证分析结果，将基础设施项目可持续建设13个利益相关者分为4个类型：核心型、关键型、蛰伏型和次要型。本章节的实证结果将作为从利益相关者的贡献、风险以及权力的维度来构建他们在方案决策中参与权重的基础。

5 基于利益相关者的基础设施项目可持续建设满意度研究

利益相关者在参与基础设施项目可持续建设方案决策时,往往采用满意度来进行方案的决策,即以他们的需求在方案中的满足情况作为他们选择方案的依据。本章首先从经济、社会、环境以及技术等方面构建出可持续建设满意度影响因素,并从不同利益相关者的视角进行实证分析,以此作为构建方案决策的评价权重依据。

5.1 利益相关者满意度

利益相关者满意度是将利益相关者理论与顾客满意度理论进行结合而产生的。建设项目领域中的利益相关者满意度,强调利益相关者的预期需求在项目中的实现程度。(Terry et al., 2013)目前,利益相关者的需求满足情况是目前衡量项目是否成功的标准之一。由于不同利益相关者对项目的需求不同,导致他们衡量项目是否成功的标准存在差异。因此,在评价项目是否成功时,必须从不同利益相关者需求的满足程度来进行衡量。同时,利益相关者需求是否满足是决定他们是否行使相应的权力来影响项目的决策和实施。(Atkin & Skitmore, 2008; Olander & Landin, 2008)因此,探讨利益相关者需求的满足情况不仅为衡量项目是否成功的标准提供参考,同时还能为项目管理者采用有效的利益相关者管理措施提供信息。

5.2　基础设施项目可持续建设满意度影响因素识别

为了识别出基础设施项目可持续建设满意度的影响因素,本研究主要采用了文献分析、专家访谈、问卷调查等方法。

(1)文献分析

根据2.2.3中对可持续建设中经济、环境、社会、技术4个方面表现的梳理,笔者初步总结出基础设施项目可持续建设满意度的21个影响因素。

①经济方面(economic aspect):

EC1:促进区域经济增长、带动相关产业发展;

EC2:改善企业形象、增强企业市场竞争力;

EC3:项目财务收益状况;

EC4:项目全生命周期成本;

EC5:当地财政和居民收入增加。

②环境方面(environmental aspect):

EN1:自然资源的有效利用;

EN2:保护项目所在地区的生态平衡;

EN3:减少和控制项目对周边环境的污染;

EN4:减少和控制项目对环境敏感地区的影响;

EN5:项目与当地自然环境的和谐。

③社会方面(social aspect):

SO1:增加就业机会、提高就业能力;

SO2:创建安全、健康的居住和建造环境;

SO3:项目收益和成本的公平、公正分配;

SO4:展示城市和地区的独特形象;

SO5:文化传承和历史古迹保护;

SO6:满足当地社会发展和居民生活的需求。

④技术方面(technological aspect):

TE1:绿色以及节能材料、工艺、技术在项目中的应用;

TE2:项目所需材料、工艺和技术的先进性、安全性、成熟性和便利性;

TE3:项目的适应性;

TE4:项目的可维护性;

TE5：项目的可靠性、持久性。

(2)专家访谈

为了确保上述21个因素的完整性和合理性，采用了专家访谈的方法。一共选取了10名工程建设领域的专家，每位专家都具有教授或者高级工程师的职称，工作年限都在10年以上。在访谈之前，将这些满意度影响因素通过邮件发给每位专家，同时访谈时间至少20分钟。根据对访谈过程的整理，这些专家提供了非常有价值的意见。对于环境方面的第一个影响因素(EN1)，他们认为不仅仅是自然资源要有效利用，其他的资源也需要有效利用。同时，除了资源的有效利用之外，资源的节约也是可持续建设中的重要内容。对于社会方面的第二个影响因素(SO2)，他们提出不仅要安全和健康，同时要注重环境的舒适性。对于技术方面的第一个和第二个影响因素(TE1、TE2)。有专家认为，绿色和节能材料、技术和工艺不仅仅只是在设计和施工中应用，还应该在项目全生命周期中应用。其次，项目所需要的材料、工艺和技术的安全性和成熟性，这两个概念有重复的嫌疑，他们建议将成熟性改为"合理性"。最后，还有专家对"满足当地社会发展和居民生活的需求"(SO6)的表述提出建议，其认为满足需求则包括所有的影响因素，应该将"需求"改为"功能性需求"。通过对专家访谈结果进行整理，最终形成了初步的基础设施项目可持续建设方案满意度影响因素清单，如表5.1所示。

表5.1 专家访谈结果

编号	基础设施项目可持续建设方案满意度影响因素
EC1	促进区域经济增长、带动相关产业发展
EC2	改善企业形象、增强企业市场竞争力
EC3	项目财务收益状况
EC4	项目全生命周期成本
EC5	当地财政和居民收入增加
EN1	资源的有效节约与合理利用
EN2	保护项目所在地区的生态平衡
EN3	减少和控制对项目周边环境的污染
EN4	减少和控制项目对环境敏感地区的影响
EN5	项目与当地自然环境的和谐
SO1	增加就业机会、提高就业能力
SO2	创建安全、健康、舒适的居住和建造环境
SO3	项目收益和成本的公平、公正分配
SO4	展示城市和地区的独特形象
SO5	文化传承和历史古迹保护

续表

编号	基础设施项目可持续建设方案满意度影响因素
SO6	满足当地社会发展和居民生活的功能性需求
TE1	绿色以及节能材料、工艺、技术在项目中的应用
TE2	项目所需材料、工艺和技术的先进性、安全性、合理性和便利性
TE3	项目的适应性
TE4	项目的可维护性
TE5	项目的可靠性、持久性

(3)问卷调查

此部分的问卷调查主要是针对这21个基础设施项目可持续建设满意度影响因素的重要性进行调查。问卷设计是基于李克特5级量表,其中"1"代表非常不重要,"2"代表比较不重要,"3"代表一般,"4"代表比较重要,"5"代表非常重要。由于该部分问卷调查与第四章的问卷调查同时进行,问卷调查过程、问卷填写者的背景描述在第四章中的4.3.1中已经做过详细描述,故不重复描述。对所收集到的102份有效问卷采用社会科学统计软件(SPSS 22.0)进行统计性描述分析,结果如表5.2所示。

从问卷填写者对基础设施项目可持续建设满意度影响因素的判断结果看,项目财务收益状况(EC3)排在第一位,紧接着的是自然资源的有效利用(EN1)、保护项目所在地区的生态平衡(EN2)、减少和控制项目对周边环境的污染(EN3)以及项目与当地自然环境的和谐(EN5)分别列第二位到第五位。排在后五位的分别是:项目的适应性(TE3)、文化传承和历史古迹保护(SO5)、展示城市和地区的独特形象(SO4)、绿色以及节能材料、工艺、技术在项目中的应用(TE1)、增加就业机会、提高就业能力(SO1)。从总体上看,问卷填写者更看重经济和环境方面的影响因素,而对社会和技术方面的影响则相对不那么看重。

表5.2 基础设施项目可持续建设满意度影响因素均值描述

因素	均值	方差	排名
EC1-1	4.4412	0.9289	6
EC2-2	4.0098	1.1388	15
EC3-3	4.7180	1.0656	1
EC4-4	4.1776	1.0755	12
EC5-5	4.4314	1.0856	7
EN1-6	4.6275	0.7301	2
EN2-7	4.5588	0.8393	3

续表

因素	均值	方差	排名
EN3-8	4.5000	0.9201	4
EN4-9	4.4020	0.9571	9
EN5-10	4.4706	0.9196	5
SO1-11	3.9020	1.2280	21
SO2-12	4.1765	1.2220	13
SO3-13	4.0686	1.2917	14
SO4-14	3.9314	1.2607	19
SO5-15	3.9320	1.1738	18
SO6-16	4.3627	1.1151	10
TE1-17	3.9109	1.2008	20
TE2-18	4.3529	1.0868	11
TE3-19	3.9608	1.0237	17
TE4-20	3.9804	1.0434	16
TE5-21	4.4216	0.9794	8

(4)数据分析

为了进一步识别出可持续建设满意度的影响因素,除了对影响因素的重要性进行判断,还必须要对这些因素的相关性进行分析。(甘琳等,2009)Spearman秩相关系数也称为等级相关系数,记为r_s,它是对两个顺序变量之间相关程度的一种度量。类似于简单线性相关系数,Spearman秩相关系数r_s的取值范围也是$[-1,1]$。采用Spearman秩相关系数来对可持续建设满意度的经济、环境、社会和技术4个方面影响因素的相关性进行分析,找到那些相关系数在0.5以上的变量,并进行合并,以确定出最终的可持续建设满意度的关键影响因素。

①经济方面。

基础设施项目可持续建设经济方面满意度影响因素的Spearman秩相关系数的双尾检验结果如表5.3所示,全部的系数之间都呈现出显著性的正相关,然而从相关系数的大小来分析,只有促进区域经济增长、带动相关产业发展(EC1)与当地财政和居民收入增加(EC5)的相关系数大于0.5。因此,将EC1和EC5合并为一个影响因素:促进区域经济增长和结构调整,增加居民和财政收入。最终,基础设施项目可持续建设满意度经济方面影响因素为4个。

表5.3　基础设施项目可持续建设满意度经济方面影响因素Spearman秩相关系数检验

	EC2	EC3	EC4	EC5
EC1	0.445(0.000)**	0.405(0.000)**	0.377(0.000)**	0.871(0.000)**
EC2		0.372(0.000)**	0.485(0.000)**	0.440(0.000)**
EC3			0.335(0.000)**	0.452(0.000)**
EC4				0.408(0.000)**

②环境方面。

基础设施项目可持续建设满意度环境方面影响因素的Spearman秩相关系数检验结果如表5.4所示,只有3对变量之间呈现出显著性相关。从相关程度来分析,只有保护项目所在地区的生态平衡(EN2)与项目与当地自然环境的和谐(EN5)和减少和控制对项目周边环境的污染(EN3)与减少和控制项目对环境敏感地区的影响(EN4)的相关系数大于0.5。因此,将EN2和EN5与EN3和EN4进行合并,最终变为EN2——保护项目所在地的生态平衡,促进项目与当地环境的和谐,以及EN3——减少和控制对项目周边环境的污染。

表5.4　基础设施项目可持续建设满意度环境方面影响因素Spearman秩相关系数检验

	EN2	EN3	EN4	EN5
EN1	0.087(0.386)	0.088(0.377)	0.330(0.001)**	0.085(0.398)
EN2		0.082(0.413)	0.154(0.122)	0.610(0.000)**
EN3			0.597(0.000)**	−0.032(0.749)
EN4				0.174(0.810)

③社会方面。

从表5.5中基础设施项目可持续建设满意度社会方面影响因素的Spearman秩相关系数检验结果来看,这6个社会方面影响因素两两之间都呈现出显著性相关,只有"项目收益和成本的公平、公正分配"(SO3)与"满足当地社会发展和居民生活的功能性需求"(SO6)之间相关性的双尾检验P值为0.020,其余的都小于或等于0.007。然而,从这6个社会方面影响因素之间的相关性大小来分析,却只有"展示城市和地区的独特形象"(SO4)与"文化传承和历史古迹保护"(SO5)之间的相关系数达到了0.859,呈现出高度相关性,因此,将SO4和SO5合并为展示城市和地区的独特形象,并保护当地历史文化。最终,将基础设施项目可持续建设满意度社会方面影响因素整理为5个。

表5.5 基础设施项目可持续建设满意度社会方面影响因素Spearman秩相关系数检验

	SO2	SO3	SO4	SO5	SO6
SO1	0.442(0.000)**	0.388(0.000)**	0.452(0.000)**	0.463(0.000)**	0.266(0.007)**
SO2		0.387(0.000)**	0.464(0.000)**	0.410(0.000)**	0.330(0.001)**
SO3			0.337(0.001)**	0.408(0.000)**	0.230(0.020)*
SO4				0.859(0.000)**	0.264(0.000)**
SO5					0.203(0.000)**

④技术方面。

基础设施项目可持续建设满意度技术方面影响因素的Spearman秩相关系数分析结果如表5.6所示,技术方面4个影响因素两两之间都呈现出显著性相关,但只有项目的适应性(TE3)和项目的可维护性(TE4)之间相关系数大于0.5。因此,将TE3和TE4合并为项目的适应性和可维护性,最终将基础设施项目可持续建设满意度技术方面影响因素整理为4个。

表5.6 基础设施项目可持续建设满意度技术方面影响因素Spearman秩相关系数检验

	TE2	TE3	TE4	TE5
TE1	0.436(0.000)**	0.418(0.000)**	0.467(0.000)**	0.381(0.000)**
TE2		0.315(0.000)**	0.198(0.000)**	0.323(0.000)**
TE3			0.667(0.000)**	0.176(0.000)**
TE4				0.270(0.006)**

⑤最终影响因素。

通过上述分析,可以得到最终的基础设施项目可持续建设满意度影响因素16个(见表5.7)。

表5.7 最终基础设施项目可持续建设满意度影响因素

基础设施项目可持续建设满意度影响因素			
经济方面	环境方面	社会方面	技术方面
促进区域经济增长和结构调整,增加居民和财政收入(EC1)	资源的有效节约与合理利用(EN1)	增加就业机会、提高就业能力(SO1)	绿色以及节能材料、工艺、技术在项目中的应用(TE1)
改善企业形象、增强企业市场竞争力(EC2)	保护项目所在地的生态平衡,促进项目与当地环境的和谐(EN2)	创建安全、健康、舒适的居住和建造环境(SO2)	项目所需材料、工艺和技术的先进性、安全性、合理性和便利性(TE2)

续表

经济方面	环境方面	社会方面	技术方面
项目财务收益状况(EC3)	减少和控制对项目周边环境的污染(EN3)	项目收益和成本的公平、公正分配(SO3)	项目的适应性和可维护性(TE3)
项目全生命周期成本(EC4)		展示城市和地区的独特形象,并保护当地历史文化(SO4)	项目的可靠性、持久性(TE4)
		满足当地社会发展和居民生活的功能性需求(SO5)	

5.3 基础设施项目可持续建设满意度影响因素实证分析

5.3.1 研究方法

上述16个满意度影响因素为利益相关者进行方案选择提供了评价准则。基础设施项目可持续建设中包括不同类型的利益相关者,他们受到不同价值观、信念、性别、环境的影响,对项目的需求也不相同,导致他们对这些影响因素的重要性判断可能存在差异。(Randeree & Faramawy,2011)同时,在不同类型的基础设施项目中,利益相关者对相同的满意度影响因素的判断可能存在差异。基于此,本论文拟采用曼-惠特尼U检验探讨不同利益相关者对这些满意度影响因素的判断是否存在差异,以及采用克鲁斯卡尔-沃利斯检验来分析这些满意度影响因素在不同类型的基础设施项目中是否存在差异。这两种方法在第四章4.3.1中有详细讲述。

5.3.2 数据分析

为了研究上述假设,需要对所收集到的102份问卷进行重新整理和归类。首先将这些问卷整理为4个大类:政府、业主、专业组织以及社会大众。其中,政府部门13份,占样本总量的12.75%;业主21份,占20.59%;专业组织包括施工方、设计方和监理方,共36份,占样本总量的35.29%;社会大众包括科研及教学部门和社会公众,共32份,占31.37%。其次,将这些问卷根据项目类型进行归类:政府13份(交通3份、给排水4份、能源3份、环保3份);业主21份(交通7份、给排水5份、能源5份、环保4份);专业组织36份(交通13份、给排水4份、能源5份、环保14份);社会大众32份(交通22份、给排水3份、能源3份、环保4份)。

将这些样本重新输入SPSS软件中,得到对这四个不同类型的利益相关者对上述16个影响因素判断的统计性描述,如下表5.8所示。然而,不能简单地根据均值排名就判断不同利益相关者的判断存在差异,还必须进行进一步的统计数据分析。

表5.8 不同利益相关者的重要性均值

影响因素	政府 均值	政府 排名	业主 均值	业主 排名	专业组织 均值	专业组织 排名	社会大众 均值	社会大众 排名
EC1-1	4.8462	1	3.0952	15	3.1000	9	4.6957	1
EC2-2	3.3077	14	4.7143	1	4.8333	1	2.9130	16
EC3-3	4.3077	8	4.6667	2	4.6667	3	4.0000	13
EC4-4	2.9231	16	4.1905	5	2.4667	16	4.4348	8
EN1-5	3.3846	12	4.5238	4	4.6333	4	3.3043	15
EN2-6	4.6154	3	3.2857	11	3.0667	10	4.6957	1
EN3-7	4.3077	8	3.1905	14	2.9333	13	4.5217	6
SO1-8	4.4615	6	3.0952	15	3.0333	11	4.4348	8
SO2-9	3.6923	11	3.4286	10	4.5000	6	4.4783	7
SO3-10	3.9231	10	3.7143	8	4.7000	2	4.5652	5
SO4-11	4.6923	2	3.4762	9	2.8667	14	4.1304	12
SO5-12	4.3846	7	3.2381	12	2.7333	15	4.6957	1
TE1-13	4.6154	3	3.2381	12	2.9667	12	4.2174	11
TE2-14	3.3077	14	4.0476	6	4.6333	4	3.4348	14
TE3-15	3.3846	12	4.5714	3	3.5667	7	4.3913	10
TE4-16	4.6154	3	4.0476	6	3.4667	8	4.6522	4

(1)不同利益相关者的满意度影响因素差异分析

①政府。

根据政府满意度影响因素的曼-惠特尼U检验结果(如表5.9所示),可以发现这些影响因素之间的差异主要集中在(EC1-1、EC3-3、EN2-6、EN3-7、SO1-8、SO4-11、SO5-12、TE1-13、TE4-16)和(EC2-2、EC4-4、EN1-5、SO2-9、SO3-10、TE2-14、TE3-15)之间。结合政府的满意度影响因素的均值统计结果以及曼-惠特尼U检验结果,可以得到政府较为重视以下影响因素:EC1-1、EC3-3、EN2-6、EN3-7、SO1-8、SO4-11、SO5-12、TE1-13、TE4-16,而这些影响因素更多是从宏观层面来界定项目可持续建设方案满意度。

从上述分析可以得出以下的结论:a.政府对基础设施项目可持续建设满意度的影响因素两两之间存在一定的差异;b.政府更加重视基础设施项目可持续建设中的当地经济和社会发展以及环境保护的内容。

②业主。

从业主满意度影响因素的曼-惠特尼 U 检验结果（如表 5.10 所示），可以得到这些影响因素的差异主要集中在（EC2-2、EC3-3、EC4-4、EN1-5、TE2-14、TE3-15、TE4-16）和（EC1-1、EN2-6、EN3-7、SO1-8、SO2-9、SO3-10、SO4-11、SO5-12、TE1-13）之间。结合业主满意度影响因素均值统计结果和曼-惠特尼 U 检验结果，可以发现业主较为重视（EC2-2、EC3-3、EC4-4、EN1-5、TE2-14、TE3-15、TE4-16），而这些影响因素强调项目层面的收益、质量和安全的内容。

从上述分析可以得出以下结论：a.业主对基础设施项目可持续建设满意度的影响因素两两之间存在一定的差异；b.业主更加重视基础设施项目可持续建设中的项目收益、质量和安全的内容。

③专业组织。

根据专业组织满意度影响因素的曼-惠特尼 U 检验结果（如表 5.11 所示），可以发现他们对可持续建设满意度影响因素判断的差异主要存在于（EC2-2、EC3-3、EN1-5、SO2-9、SO3-10、TE2-14），（EC1-1、EN2-6、EN3-7、SO1-8、SO4-11、SO5-12、TE1-13、TE3-15、TE4-16）和（EC4-4）之间。结合这些满意度影响因素的均值统计结果和曼-惠特尼 U 检验结果，可以发现专业组织较为重视的影响因素为（EC2-2、EC3-3、EN1-5、SO2-9、SO3-10、TE2-14），而相对不重视的影响因素为（EC4-4）。较为重视的因素集中在项目收益、企业竞争力、安全和技术方面，而相对不重视的是项目全生命周期成本。

从上述分析中，可以得出以下结论：a.专业组织对基础设施项目可持续建设的满意度影响因素两两之间存在一定的差异；b.专业组织强调可持续建设项目的收益、安全以及技术方面，而对项目全生命周期成本则较为忽视。

表5.9 政府满意度影响因素的曼-惠特尼U检验

	EC2-2	EC3-3	EC4-4	EN1-5	EN2-6	EN3-7	SO1-8	SO2-9	SO3-10	SO4-11	SO5-12	TE1-13	TE2-14	TE3-15	TE4-16
EC1-1	-3.380[a]	-1.770	-3.478[b]	-2.330[a]	-0.560	-0.708	-1.114	-2.645[b]	-2.593[a]	-0.082	-1.113	-0.653	-3.008[b]	-2.643[b]	-0.561
EC2-2		-2.094[a]	-0.915	-0.292	-2.793[b]	-2.136[a]	-2.379[a]	-0.640	-1.184	-2.982[b]	-2.197[a]	-2.761[b]	-0.079	-0.211	-2.793[b]
EC3-3			-2.507[a]	-1.157	-1.157	-0.757	-0.560	-1.255	-1.014	-1.545	-0.500	-1.063	-1.806	-1.416	-1.157
EC4-4				-0.637	-2.978[b]	-2.352[a]	-2.829[b]	-1.383	-1.946	-3.117[b]	-2.598[b]	-3.079[b]	-0.608	-0.686	-2.978[b]
EN1-5					-1.908	-1.556	-1.631	-0.376	-0.591	-2.179[b]	-1.544	-1.936	-0.160	-0.054	-1.908
EN2-6						-0.208	-0.493	-2.064[b]	-1.952[a]	-0.448	-0.526	-0.035	-2.499[a]	-2.177[a]	0
EN3-7							-0.132	-0.152	-1.376	-0.596	-0.197	-0.243	-1.964	-1.745	-0.208
SO1-8								-1.717	-1.442	-0.869	-0.095	-0.462	-2.235[a]	-1.877	-0.493
SO2-9									-0.456	-2.321[a]	-1.545	-2.094[a]	-0.718	-0.480	-2.064[a]
SO3-10										-2.235[a]	-1.296	-1.900	-1.154	-0.773	-1.951
SO4-11											-0.904	-0.447	-2.723[b]	-2.437	-0.448
SO5-12												-0.527	-2.069[a]	-1.765	-0.526
TE1-13													-2.552[a]	-2.202[a]	-0.035
TE2-14														-0.133	-2.499[a]
TE3-15															-2.177[a]

表5.10 业主满意度影响因素的曼-惠特尼U检验

	EC2-2	EC3-3	EC4-4	EN1-5	EN2-6	EN3-7	SO1-8	SO2-9	SO3-10	SO4-11	SO5-12	TE1-13	TE2-14	TE3-15	TE4-16
EC1-1	-4.126[b]	-3.991[b]	-2.683[b]	-3.577[b]	-0.479	-0.232	-0.078	-0.776	-1.475	-0.92	-0.309	-0.4	-2.274[a]	-3.711[b]	-2.348[a]
EC2-2		-0.804	-1.772	-0.474	-2.693[b]	-3.852[b]	-4.250[b]	-2.917[b]	-2.745[b]	-2.632[b]	-3.442[b]	-3.142[b]	-1.676	-0.675	-1.580
EC3-3			-1.221	-0.334	-2.161[a]	-3.646[b]	-4.171[b]	-2.517[b]	-2.332[b]	-2.158[a]	-3.128[b]	-2.781[b]	-1.033	-0.109	-0.931
EC4-4				-1.281	-1.528	-2.404[a]	-2.380[b]	-1.590	-1.165	-1.311	-2.115[a]	-1.836	-0.142	-1.165	-0.014
EN1-5					-2.34[a]	-3.324[b]	-3.617[b]	-2.429[a]	-2.203[a]	-2.194[a]	-2.943[b]	-2.729[b]	-1.156	-0.196	-1.123
EN2-6						-0.312	-0.299	-0.293	-0.691	-0.35	-0.079	-0.213	-1.509	-2.230[a]	-1.340
EN3-7							-0.287	-0.583	-1.232[a]	-0.728	-0.118	-0.194	-2.062[a]	-3.148[b]	-2.110[a]
SO1-8								-0.729	-1.537	-0.846	-0.260	-0.375	-2.238[a]	-3.825[b]	-0.2357
SO2-9									-0.528	-0.106	-0.432	-0.408	-1.328	-2.434[a]	-1.311
SO3-10										-0.345	-1.003	-0.879	-0.918	-2.214[a]	-0.983
SO4-11											-0.525	-0.53	-1.176[a]	-2.430[a]	-1.119
SO5-12												0.000	-1.815	-2.990[b]	-1.794
TE1-13													-1.793	-2.708[b]	-1.664
TE2-14														-1.608	0
TE3-15															-0.992

表 5.11 专业组织满意度影响因素的曼-惠特尼 U 检验

	EC2-2	EC3-3	EC4-4	EN1-5	EN2-6	EN3-7	SO1-8	SO2-9	SO3-10	SO4-11	SO5-12	TE1-13	TE2-14	TE3-15	TE4-16
EC1-1	−5.042[b]	−4.496[b]	−1.709	−4.487[b]	−0.083	−0.460	−0.167	−3.908[b]	−4.682[b]	−0.614	−0.989	−0.362	−4.401[b]	−1.291	−1.025
EC2-2		−0.796	−5.649[b]	−0.228	−5.322[b]	−5.490[b]	−4.886[b]	−1.868	−0.228	−4.920[b]	−5.562[b]	−5.283[b]	−0.796	−3.899[b]	−4.189[b]
EC3-3			−5.330[b]	−0.466	−4.750[b]	−4.902[b]	−4.443[b]	−1.019	−0.498	−4.518[b]	−5.076[b]	−4.758[b]	−0.030	−3.299[b]	−3.629[b]
EC4-4				−5.266[b]	−1.764	−1.189	−1.603	−4.890[b]	−5.486[b]	−1.003	−0.669	−1.360	−5.232[b]	−2.826[b]	−2.747[b]
EN1-5					−4.686[b]	−4.873[b]	−4.418[b]	−1.439	−0.046	−4.496[b]	−5.013[b]	−4.724[b]	−0.498	−3.398[b]	−3.633[b]
EN2-6						−0.310	−0.182	−4.208[b]	−4.883[b]	−0.620	−0.915	−0.287	−4.636[b]	−1.398	−1.071
EN3-7							−0.302	−4.375[b]	−5.041[b]	−0.128	−0.523	−0.106	−4.821[b]	−1.704	−1.407
SO1-8								−3.858[b]	−4.655[b]	−0.504	−0.840	−0.197	−4.335[b]	−1.443	−1.254
SO2-9									−1.477	−3.975[b]	−4.595[b]	−4.207[b]	−0.991	−3.908[b]	−2.960[b]
SO3-10										−4.723[b]	−5.212[b]	−4.925[b]	−0.540	−3.562[b]	−3.860[b]
SO4-11											−0.356	−0.273	−4.424[b]	−1.783	−1.639
SO5-12												−0.642	−4.988[b]	−2.165[a]	−1.944
TE1-13													−4.663[b]	−1.630	−1.380
TE2-14														−3.207[b]	−3.513[b]
TE3-15															−0.30

表5.12 社会大众满意度影响因素的曼-惠特尼U检验

	EC2-2	EC3-3	EC4-4	EN1-5	EN2-6	EN3-7	SO1-8	SO2-9	SO3-10	SO4-11	SO5-12	TE1-13	TE2-14	TE3-15	TE4-16
EC1-1	-4.731[b]	-2.464[a]	-1.000	-3.400[b]	0	-0.904	-1.000	-0.770	-0.877	-2.954[b]	-0.046	-1.487	-3.365[b]	-1.261	-0.309
EC2-2		-2.865[b]	-3.964[b]	-0.980	-4.713[b]	-4.239[b]	-3.964[b]	-4.108[b]	-4.399[b]	-3.504[b]	-4.669[b]	-3.369[b]	-1.282	-3.870[b]	-4.602[b]
EC3-3			-1.505	-1.497	-2.464[a]	-1.691	-1.505	-1.687	-1.673	-0.106	-2.508[a]	-0.885	-1.333	-1.288	-2.222[a]
EC4-4				-2.632[b]	-1.000	-0.117	0	0.225	-0.157	-1.919	-1.044	-0.523	-2.533[a]	-0.256	-0.705
EN1-5					-3.400[b]	-2.834[b]	-2.632[b]	-2.791[b]	-2.943[b]	-1.746	-3.385[b]	-2.108[b]	-0.227	-2.494[a]	-3.241[b]
EN2-6						-0.904	-1.000	-0.770	-0.877	-2.954[b]	-0.046	-1.487	-3.365[b]	-1.201	-0.309
EN3-7							-0.117	-0.093	-0.026	-2.171[a]	-0.976	-0.676	-2.476[b]	-0.385	-0.598
SO1-8								-0.225	-0.157	-1.191	-1.044	-0.523	-1.044	-0.256	-0.705
SO2-9									-0.040	-2.005[a]	-0.799	-0.752	-2.733[b]	-0.468	-0.486
SO3-10										-2.220[a]	-0.962	-0.753	-2.875[b]	-0.424	-0.571
SO4-11											-3.113	-1.050	-1.613	-1.686	-2.703[b]
SO5-12												-1.488	-3.319[b]	-1.318	-0.369
TE1-13													-2.008[a]	-0.301	-1.231
TE2-14														-2.384[a]	-3.194[b]
TE3-15															-0.970

④ 社会大众。

根据社会大众对基础设施项目可持续建设的满意度影响因素的曼-惠特尼U检验结果(如表5.12所示),我们可以得出这些影响因素之间的差异主要集中在(EC1-1、EC3-3、EC4-4、EN2-6、EN3-7、SO1-8、SO2-9、SO3-10、SO4-11、SO5-12、TE1-13、TE3-15、TE4-16)和(EC2-2、EN1-5、TE2-14)之间。结合他们对这些影响因素判断的均值统计描述和曼-惠特尼U检验结果,发现社会大众强调可持续建设中的经济和社会发展、环境保护、对其居住条件的改善等内容。

从上述分析中,可以得出以下结论:a.专业组织对基础设施项目可持续建设的满意度影响因素两两之间存在一定的差异;b.社会大众更加关注可持续建设中的经济和社会发展、环境保护、对其居住条件的改善等内容。

(2)利益相关者之间的满意度影响因素差异分析

①政府—业主。

从表5.13的分析结果可以知道,政府与业主对基础设施项目可持续建设方案满意度影响因素的判断大约有31%不存在显著性差异,包括项目财务收益状况;创建安全、健康、舒适的建造和居住环境;项目收益和成本的公平、公正分配;项目所需材料、工艺和技术的先进性、安全性、合理性和便利性以及项目的可靠性和持久性。在存在显著性差异的影响因素中,EC1-1、EC2-2和SO1-8方面的差异程度最大。"经济增长和收入"方面的影响因素是政府最看重的因素,业主将此因素排在倒数第二位;业主将"竞争力"方面作为他们最看重的影响因素,而政府却将其排在倒数第三位;政府将"就业"方面的因素排在第六位,而业主却将其排在倒数第二位。由此可见,政府与业主对影响因素判断的差异更多体现在经济方面,政府更多从宏观层面关注经济和社会的发展,而业主则从微观层面关注自身的收益和竞争力,对经济和社会的发展则较为忽视。

②政府—专业组织。

政府与专业组织对基础设施项目可持续建设方案满意度影响因素的判断中(如表5.14所示),有13个影响因素的判断存在显著性差异,其余3个影响因素的判断不存在显著性差异,它们是项目财务收益状况;项目全生命周期成本;项目的适应性和可维护性。其中,EC1-1和EC2-2方面的差异程度最高,而EN2-6、SO4-11、SO5-12、TE1-13方面的差异也非常大。与政府和业主之间的差异类似,政府与专业组织对经济方面的影响因素的判断存在差异,而对于环境方面的"生态平衡、和谐"方面,政府将其排在第三重要位置,而专业组织则将其排在第十的位置上。政府对于"公平分配"方面的影响因素排在第十,对于"文化"方面的影响因素排在第二,对于"功能性需求"方面的影响因素排在第七,而专业组织则将上述3个影响因素分别排在第二、倒数第三和倒数第二。由此可见，政府与专业组织对满意度影响因素的判断中，不仅对经济方面影响因素的判断存在一定差异，对环境和社会方面影响因素的判断也呈现出显著性差异。

表 5.13 政府与业主满意度影响因素判断的曼-惠特尼 U 检验

影响因素 调查对象	EC1-1	EC2-2	EC3-3	EC4-4	EN1-5	EN2-6	EN3-7	SO1-8	SO2-9	SO3-10	SO4-11	SO5-12	TE1-13	TE2-14	TE3-15	TE4-16
政府—业主	-3.826** (0.000)	-3.486** (0.000)	-1.015 (0.310)	-2.500** (0.010)	-2.079* (0.038)	-2.074* (0.038)	-2.405* (0.016)	-3.111** (0.001)	-0.408 (0.638)	-0.316 (0.752)	-2.255* (0.024)	-2.242* (0.025)	-2.454* (0.014)	-1.591 (0.115)	-2.313* (0.029)	-1.089 (0.276)

表 5.14 政府与专业组织满意度影响因素判断的曼-惠特尼 U 检验

影响因素 调查对象	EC1-1	EC2-2	EC3-3	EC4-4	EN1-5	EN2-6	EN3-7	SO1-8	SO2-9	SO3-10	SO4-11	SO5-12	TE1-13	TE2-14	TE3-15	TE4-16
政府—专业组织	-3.777** (0.000)	-4.294** (0.000)	-1.439 (0.150)	-1.229 (0.219)	-2.662** (0.008)	-3.439** (0.001)	-2.95** (0.003)	-2.996** (0.003)	-2.084* (0.037)	-2.813** (0.005)	-3.436** (0.001)	-3.278** (0.001)	-3.476** (0.001)	-3.211** (0.001)	-0.344 (0.731)	-2.563** (0.010)

③政府—社会大众。

政府与社会大众对满意度影响因素的判断中(如表5.15所示),只有5个影响因素的判断存在差异,同时这些差异并不是特别显著。其中,社会大众对"全生命周期成本"方面的影响因素较为看重,而政府却将其排在倒数第一位;社会大众对"公平分配和环境"方面的影响因素的重视程度也比政府要高;对于技术方面的"项目的适应性和可维护性"重视程度,社会大众也比政府要高。从上述的分析可知,政府与社会大众对满意度影响因素判断的差异更多体现在了社会方面的差异。

④业主—专业组织。

通过对业主与专业组织对满意度影响因素判断的曼–惠妮特U检验结果(如表5.16所示)分析,发现他们对满意度影响因素判断差异主要集中在对"项目全生命周期成本"的判断中,业主将其作为重要的影响因素,而专业组织则将其作为最不重要的影响因素。除此之外,对社会方面的"居住环境和公平分配"存在差异,对技术方面的"项目的适应性和可维护性"判断也存在差异。

5 基于利益相关者的基础设施项目可持续建设满意度研究

表 5.15 政府与社会大众满意度影响因素判断的曼-惠特尼 U 检验

影响因素 调查对象	EC1-1	EC2-2	EC3-3	EC4-4	EN1-5	EN2-6	EN3-7	SO1-8	SO2-9	SO3-10	SO4-11	SO5-12	TE1-13	TE2-14	TE3-15	TE4-16
政府—社会大众	-0.550 (0.583)	-1.052 (0.293)	-0.762 (0.446)	-3.098* (0.020)	-0.188 (0.851)	-0.113 (0.910)	-0.304 (0.761)	-1.180 (0.906)	-2.015* (0.044)	-1.941* (0.042)	-2.716* (0.007)	-0.781 (0.435)	-1.063 (0.288)	-0.274 (0.784)	-1.869* (0.049)	-0.152 (0.879)

表 5.16 业主与专业组织满意度影响因素判断的曼-惠特尼 U 检验

影响因素 调查对象	EC1-1	EC2-2	EC3-3	EC4-4	EN1-5	EN2-6	EN3-7	SO1-8	SO2-9	SO3-10	SO4-11	SO5-12	TE1-13	TE2-14	TE3-15	TE4-16
业主—承包方	-0.100 (0.992)	-0.361 (0.718)	-0.515 (0.606)	-3.923** (0.000)	-0.594 (0.553)	-0.561 (0.575)	-0.606 (0.554)	-0.395 (0.693)	-2.389* (0.017)	-3.113* (0.002)	-1.319 (0.187)	-1.203 (0.229)	0.637 (0.524)	-1.501 (0.133)	-2.619* (0.005)	-1557 (0.119)

089

⑤业主—社会大众。

业主与社会大众对满意度影响因素的判断中(如表5.17所示),只有5个影响因素不存在差异,即"项目全生命周期成本";"展示城市和地区独特形象,并保护当地历史文化";"项目所需材料、工艺和技术的先进性、安全性、合理性和便利性";"项目的适应性和可维护性";"项目的可靠性、持久性"。在这些因素中,技术方面占到了3个,表明了业主与社会大众对于技术方面的可持续性要求一致,同时业主与社会大众对经济方面的全生命周期成本和社会方面的"展示城市和地区独特形象,并保护当地历史文化"的重视程度一致。在重视程度存在差异的影响因素中,业主和社会大众对经济方面的3个影响因素(除了上述"项目全生命周期成本")的判断存在差异;对环境方面的影响因素的判断全部表现出差异;对社会方面在就业、居住环境、公平分配、功能性需求方面的影响因素,社会大众也比业主更重视。由此可见,业主与社会大众的差异性更多体现在经济、环境和社会3个方面。

⑥专业组织—社会大众。

专业组织与社会大众之间的差异性分析结果表明(如表5.18所示),在"居住环境和公平分配"中没有呈现出差异,其余的14个因素都呈现出差异或者显著性差异。在呈现出差异或显著性差异的影响因素中,在对经济方面的判断中,专业组织和社会大众全部呈现出显著性差异。其中,专业组织更重视项目的"收益状况和竞争力",而社会大众则更加强调"经济发展以及全生命周期成本"。对于环境方面的影响因素则全部呈现出显著性差异,专业组织较为重视"资源节约",而较为忽略"生态平衡、环境污染",社会大众将"生态平衡"作为满意度最重要的影响因素之一,同时也较为重视"环境污染"。对于社会方面的影响因素,社会大众对于"就业和文化"方面的重视程度都高于专业组织。对于技术方面的影响因素,关于"绿色技术,项目的可靠性、持久性"方面,社会大众相对于专业组织要重视得多,而专业组织则更加重视"材料、工艺和技术的先进性、安全性、合理性和便利性以及项目的可靠性和持久性"。

表 5.17　业主与社会大众满意度影响因素判断的曼-惠特尼 U 检验

影响因素 调查对象	EC1-1	EC2-2	EC3-3	EC4-4	EN1-5	EN2-6	EN3-7	SO1-8	SO2-9	SO3-10	SO4-11	SO5-12	TE1-13	TE2-14	TE3-15	TE4-16
业主—社会大众	-4.183** (0.000)	-4.628** (0.000)	-2.016* (0.044)	-0.727 (0.467)	-2.870* (0.004)	-2.652* (0.008)	-3.349** (0.001)	-3.527** (0.000)	-2.323* (0.020)	-2.145* (0.032)	-0.750 (0.435)	-3.418** (0.001)	-1.994* (0.046)	-1.551 (0.121)	-0.729 (0.466)	-1.225 (0.220)

表 5.18　专业组织与社会大众满意度影响因素判断的曼-惠特尼 U 检验

影响因素 调查对象	EC1-1	EC2-2	EC3-3	EC4-4	EN1-5	EN2-6	EN3-7	SO1-8	SO2-9	SO3-10	SO4-11	SO5-12	TE1-13	TE2-14	TE3-15	TE4-16
专业组织—社会大众	-4.216** (0.000)	-5.552** (0.000)	-2.530** (0.011)	-4.389** (0.000)	-3.640** (0.000)	-4.452** (0.000)	-4.115** (0.000)	-3.418* (0.001)	-0.225 (0.822)	-1.228 (0.219)	-2.824** (0.005)	-4.742** (0.000)	-3.182** (0.001)	-3.436** (0.001)	-2.096* (0.036)	-3.254** (0.001)

(3)不同项目类型的利益相关者可持续建设方案满意度影响因素差异分析

上述分析只是验证了各利益相关者对不同满意度影响因素的重要性判断存在差异,以及利益相关者之间对这些满意度影响因素的判断也存在差异,还未验证各利益相关者对这些满意度影响因素在不同类型基础设施项目中的判断是否存在差异。根据利益相关者类型对问卷进行分类,再对将这些不同类型利益相关者的问卷按照不同类型项目进行分类,然后采用克鲁斯卡尔-沃利斯检验,以判别各利益相关者在不同类型项目中的判断是否存在差异,其结果如表5.19所示。

表5.19 各影响因素的克鲁斯卡尔-沃利斯检验

影响因素	政府	业主	专业组织	社会大众
EC1-1	2.545	9.349*	8.951*	2.158
EC2-2	13.257*	1.533	1.627	9.614*
EC3-3	9.589*	1.020	3.997	10.912*
EC4-4	13.891*	8.608*	10.421*	9.449*
EN1-5	11.123*	3.767	2.002	11.180*
EN2-6	8.273*	9.955*	9.558*	3.122
EN3-7	8.523*	4.347*	10.524*	4.297
SO1-8	9.325*	11.158*	9.530*	8.449*
SO2-9	9.901*	10.835*	2.950	2.026
SO3-10	12.423*	9.203*	3.950	4.064
SO4-11	9.222*	10.869*	8.185*	9.329*
SO5-12	6.716	10.676*	9.508*	12.763*
TE1-13	11.141*	8.991*	8.661*	11.463*
TE2-14	9.373*	9.263*	1.923	11.053*
TE3-15	10.692*	11.484*	10.578*	12.229*
TE4-16	1.636	4.746	9.560*	8.081*

根据上述表中克鲁斯卡尔-沃利斯检验结果(如表5.19所示),可以发现4个类型利益相关者对这16个满意度影响因素的判断在不同类型项目中存在一定程度的差异。对于政府而言,不存在差异的满意度影响因素为:EC1——促进区域经济增长和结构的调整,增加居民和财政收入;SO5——满足当地社会发展和居民生活的功能性需求;TE4——项目的可靠性、持久性,与此同时,这3个影响因素的均值排名为前三位。类似地,业主、专业组织以及社会大众的克鲁斯卡尔-沃利斯检验结果也存在相同的情况。例如,业主和专业组织对有关企业形象的判断;社会大众对于安全、健康的居住环境方面的判断。由此可见,在这16个满意度影响因素中,有一些影响因素对于利益相关者而言是最基本的需

求,是他们认为最关键的满意度影响因素,而其余的满意度影响因素则会因为项目类型的不同而其对于利益相关者的重要性也不相同。然而,这并不代表这些重要性呈现出变化的满意度影响因素对于利益相关者来说就不重要,只能说明在不同类型的项目中,各利益相关者对这些满意度影响因素的评价权重不同。

5.3.3 研究结论

对识别出的16个可持续建设方案满意度影响因素进行实证研究,并对不同类型的利益相关者对这些影响因素的判断差异进行探讨,以及分析了利益相关者之间对这些因素重要性判断的差异和各利益相关者在不同类型项目中对这些因素判断是否存在差异,得出以下3个方面的结论。

①利益相关者对16个满意度影响因素的判断中存在差异。

对政府、业主、专业组织和社会大众对这16个满意度影响因素判断的结果进行统计分析,我们发现利益相关者对各因素重要性的判断存在差异。从他们各自关注的内容来分析,政府和社会大众强调项目对当地经济和社会发展的作用、环境保护等方面的内容,而业主和专业组织则更关注项目的收益、安全和质量等方面的内容。

②利益相关者之间对这16个满意度影响因素的判断存在差异。

根据统计结果分析,我们发现4类利益相关者两两之间对可持续建设满意度影响因素的判断存在一定差异,例如,政府与业主之间有11个影响因素存在差异;政府与专业组织之间有13个因素存在差异;业主与社会大众有11个因素存在差异;专业组织与社会大众有14个因素存在差异等。由此可见,不同类型的利益相关者对这些满意度影响因素的重要性判断之间存在较大程度的差异。

③不同类型项目中利益相关者对16个满意度影响因素的判断存在差异。

对这4类利益相关者对16个满意度影响因素在4个类基础设施项目中重要性的判断进行问卷调查,对结果采用克鲁斯卡尔-沃利斯检验进行分析,结果表示各类型利益相关者只是对极少数满意度影响因素的判断在不同类型项目中不存在差异,对大部分影响因素的判断结果在不同类型项目中呈现出差异。因此,在不同类型的基础设施项目可持续建设中,各利益相关者对同一个因素的评价权重会发生变化。

5.4 本章小结

本章首先采用文献分析、专家访谈、问卷调查和数据统计分析等方法,从经济、环境、社会和技术4个方面确定出基础设施项目可持续建设满意度的16个影响因素,作为各利益相关者进行可持续建设方案决策的评价准则。然后,从利益相关者的视角对这16个满意度影响因素进行实证分析,结果表明各利益相关者对这16个影响因素之间的重要性判断存在差异。这一结论暗示着不同利益相关者对于可持续建设的需求不同,从而导致他们采用这些满意度影响因素进行决策时的赋值权重不同。值得注意的是,利益相关者对这些满意度影响因素的重要性判断在不同类型的基础设施项目中也存在差异。由此可见,利益相关者在进行可持续建设方案决策时,对这16个满意度影响因素的权重赋值在不同类型的基础设施项目中不同。这一结论为构建最终决策模型的评价准则提供了理论基础。

6 利益相关者与可持续建设实施的关系研究

利益相关者参与是实施可持续建设的原则和标志,也是提升项目可持续性表现的重要途径。(杨秋波、王雪青,2011;甘琳等,2010)利益相关者参与过程也是利益相关者管理过程。根据利益相关者分析结果进而采取管理措施是利益相关者管理的基本思想,采用的利益相关者分析维度与最终管理效果紧密相连。探讨利益相关者分析维度与项目实施的关系,能够为利益相关者管理采取科学合理的管理措施提供有效的信息。基于此,本章针对本研究所提出几个利益相关者分析维度,结合可持续建设活动的实施状况,探讨利益相关者与可持续建设实施的关系,揭示出他们之间的关系机理,为构建科学合理可持续建设方法提供依据。

6.1 研究假设

6.1.1 变量设计

根据第四章的利益相关者集成分析框架,影响利益相关者进行可持续建设实践的因素包括4个因素。结合第四和第五章的实证分析结果,本研究确定的影响利益相关者进行可持续建设实践的潜变量和观测变量如下:

① 权力(SPO)。观测变量为:资源权力(SPO1)、职位权力(SPO2)和专家权力(SPO3)。

② 风险(SRI)。观测变量为:经济风险(SRI1)、环境风险(SRI2)、社会风险(SRI3)和过程风险(SRI4)。

③资源(SRE)。观测变量为:有形资源(SRE1)和无形资源(SRE2)。

④ 满意度(SF)。观测变量为：经济满意度(SF1)、环境满意度(SF2)、社会满意度(SF3)和技术满意度(SF4)。

⑤ 可持续建设实施(SC)。结合在第三章中提出的基础设施项目实施可持续建设需要改进的7个方面,将其作为可持续建设实施(SC)的观测变量,包括优先采用绿色技术(SC1),重新构建项目过程和组织结构(SC2),构建可持续性评价体系(SC3),选择合适的绿色采购模式和合同结构(SC4),基于全生命周期的可持续设计(SC5),进行可持续建设相关培训和教育(SC6)和严格实施可持续建设相关法律、法规、规章和标准(SC7)。

6.1.2 假设提出

通过第四和第五章的论述,本研究提出下列的假设：

H1：利益相关者对可持续建设实施有直接影响。

H11：利益相关者拥有的权力对可持续建设实施有直接影响。

H12：利益相关者承担的风险对可持续建设实施有直接影响。

H13：利益相关者拥有的资源对可持续建设实施有直接影响。

H14：利益相关者的满意度对可持续建设实施有直接影响。

H2：利益相关者拥有的权力、承担的风险以及投入的资源对他们的满意度有直接影响。

H21：利益相关者拥有的权力对他们的满意度有直接影响。

H22：利益相关者承担的风险对他们的满意度有直接影响。

H23：利益相关者投入的资源对他们的满意度有直接影响。

H3：利益相关者拥有的资源会影响他们的权力和风险。

H31：利益相关者拥有的资源对他们的权力有直接影响。

H32：利益相关者拥有的资源对他们承担的风险有直接影响。

H4：利益相关者拥有的权力会影响他们承担的风险。

如上述假设,可构建利益相关者对可持续建设实施影响的初始概念模型,如图6.1所示。

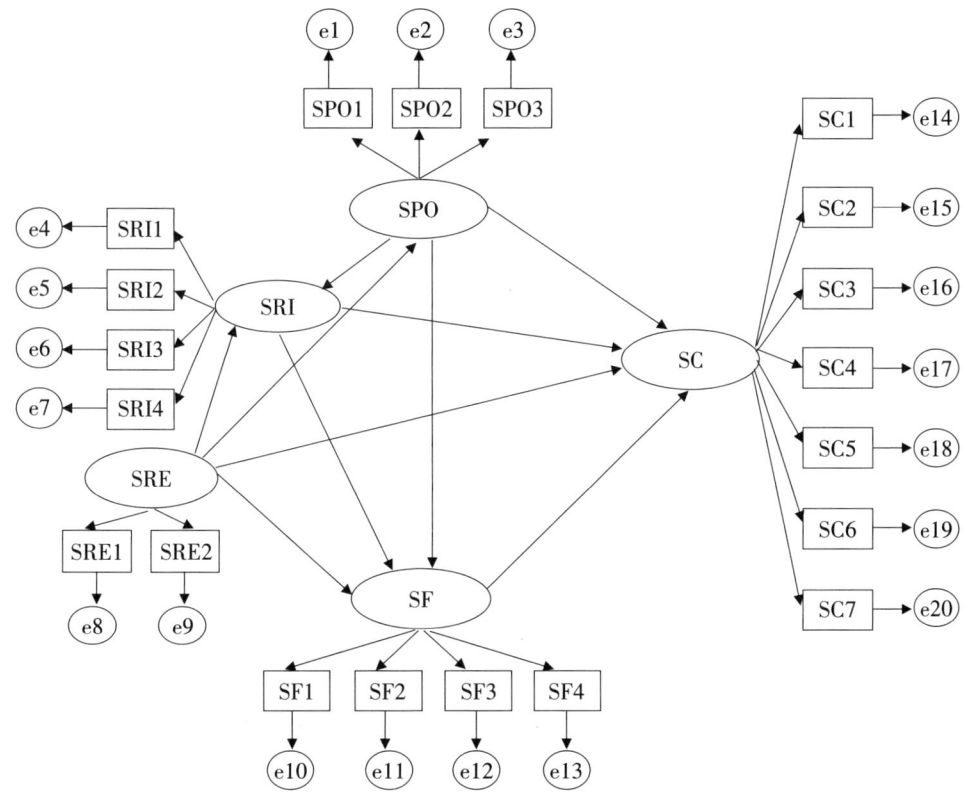

图6.1 利益相关者影响可持续建设方案实施的假设模型

6.2 研究方法

6.2.1 问卷设计

该部分问卷调查同样是与第四章和第五章的调查同时进行,此部分调查是被调查者对上述的5个潜变量20个观测变量进行判断。

其中,权力指的是他们对于实施可持续建设相关活动所拥有的权力大小(1=完全没有,2=大部分没有,3=一般,4=大部分拥有,5=完全拥有);风险则是他们在实施可持续建设所承担的风险的严重程度(1=非常严重,2=严重,3=一般,4=比较小,5=完全没有);资源则是指他们拥有的实施可持续建设相关活动所需的资源的完备性(1=完全不能承担,2=大部分不能承担,3=一般,4=大部分可以承担,5=完全能够承担);满意度则是他们进行可持续建设的满意度(1=完全没有满足,2=大部分没有满足,3=一般,4=大部分满足,5=完全满足)。

对于可持续建设相关活动的实施,则是被调查者根据其所参与的基础设施项目建设实践情况进行判断(1=完全没有实施,2=大部分没有实施,3=小部分实施,4=大部分实施,5=完全实施)。

6.2.2 数据分析方法及工具

(1)描述性统计分析

描述性统计分析主要针对样本的基本情况进行分析,以及对各维度特征和可持续建设实践活动实施的总体状况进行描述,其中,样本的基本情况见4.3.1。

(2)信度和效度检验

采用问卷调查方法作为研究方法和手段时,需对数据进行信度和效度检验,只有当信度和效度同时兼备时,才能保障数据的有效性和准确性。

①信度。

信度(reliability)是指样本数据的可靠性,即测量工具能否稳定地采用同样的方法对测量对象或者数据进行重复测量以及所得结果的一致性程度。由于信度常常受到问卷内容的同构性以及时间间隔的影响,对问卷进行信度分析可以检验内部是否互相符合以及一致性和稳定性。目前对问卷的信度进行分析常采用Cronbach's α系数进行检验,并结合纠正项目与总体相关系数(corrected item-total correlation,CITC)的大小,以及题项删除后Alpha系数(Alpha if item deleted)的变化来进行判断。

通常,Cronbach's α系数越大,表示该变量的各个题项的相关性越大,即内部一致性程度越高。信度较好的问卷的Cronbach's α系数大于0.7(吴明隆,2003),除了Cronbach's α系数应该大于0.7之外,其各题项的CITC值应在0.35以上才能满足问卷的信度要求(陈晰,2011)。基于此,本研究将Cronbach's α系数和CITC值的最低标准设定为0.7和0.35,以判断问卷是否满足信度要求。

②效度。

效度是指测量的正确性,即测量工具或问卷能够正确测得所测对象的程度。效度实质上是结构变量与观测变量之间的关系,也就是测量工具或问卷能够在多大程度上反映出概念的真正意图,其代表观测变量之间的差异所反映潜变量特征的真实差异程度。效度检验的种类非常多,通常采用内容效度和结构效度来对测量工具或问卷进行分析。

a. 内容效度。

内容效度分析是对测量工具或问卷进行效度检验的首要步骤。内容效度旨在检验测量内容的适当性,着重分析测量工具或问卷的内容反映测量概念的程度。内容效度也称为"表面效度"或"逻辑效度",主要检验由概念到指标是否遵循理论架构或者符合逻辑。测量工具或问卷工具有良好的内容效度,则表明该工具或问卷的内容包含了研究者的构念。内容效度可以通过定性的方法进行分析。若问卷(量表)的内容是以理论为基础,并参考以往学者类似研究的量表加以修订,又经实务或学术专家讨论过,即可以认为具有相当的内容效度。(陈晰,2011)由于本研究所提出的问卷是经历了文献整理、分析、归纳,专家访谈以及预调查的过程,因此具有一定程度上的内容效度。

b. 结构效度。

结构效度是对测量工具或问卷检验的重要检验指标,尤其是针对社会科学。结构效度是指对于要测量的构念,要形成一套科学、可操作的测量,强调测量结果体现出来的某种结构与测量值之间的对应程度。结构效度主要考察量表的收敛效度和判别效度。收敛效度是指量表与同一构念的其他指标确实相互关联的程度;判别效度是指一个测量值与其他应该有所不同的构想之间不相互关联的程度,包括证明不同构想之间缺乏相互关联性。(许劲、任玉珑,2010)通常采用探索性因子分析和验证性因子分析的方法来进行结构效度的检验。

(3)因子分析

在本研究中所采用的因子分析包括探索性因子分析和验证性因子分析,主要是针对测量工具或问卷的结构效度进行检验。

①探索性因子分析。

探索性因子分析(exploring factor analysis, EFA)的基本思路为:计算测量工具或问卷题项间的相关矩阵或协方差矩阵,以此作为提取公因子的前提并确定公因子的个数,由此检验测量工具或问卷的基本结构。通过探索性因子分析得到的公因子与研究者欲测量的结构吻合,则代表问卷具有较好的结构信度。在进行探索性因子分析时,必须遵循以下原则:a. 一个指标自成一个公因子,由于缺乏内部一致性必须删除;b. 题项的因子荷载必须大于0.5,才能具有收敛效度;c. 若题项的因子荷载在所有公因子都小于0.5,或者在两个以上的公因子大于0.5时,也应删除;d. 对于公因子的共同度小于0.5的题项也应删除。(范如国、张宏娟,2012)

②验证性因子分析。

探索性因子分析主要用作"探寻"因子结构以及确定因子个数等,并不作为检验理论模式的方法。(许劲、任玉珑,2010)验证性因子分析(confirmatory factor analysis, CFA)是一种系统结构验证和优化技术,其主要目的是在探索性因子分析结果的基础上,对于所收集的数据是否按事先预定的结构方式产生作用进行检验。CFA的基本思路为:计算测量工具或问卷中的题项的方差和协方差矩阵,定义因子模型,拟合模型,模型评价和修正模型。根据对测量工具或问卷的理论结构与实际结果的拟合程度,得到拟合效度值,然后进行测量工具或问卷的修正。

(4)结构方程模型

结构方程模型(SEM)是一种用来检验关于观测变量与潜变量之间假设关系的一种多变量统计分析方法,即以所收集的数据来检验基于理论所建立的假设模型。(张伟雄、王畅,2008)结构方程模型是运用多元回归、路径分析以及验证性因子分析等统计方法综合而成的分析工具,总体上将具有同时处理多个因变量,容许自变量和因变量含测量误差,同时估计因子结构和因子关系,容许更大的测量模型和估计整个模型的拟合程度的优点。(侯杰泰等,2002)结构方程模型分为测量模型和结构方程两个部分,其中测量模型描述潜变量与指标之间的关系,而结构方程则主要描述潜变量之间的相互关系。

通常的结构方程模型分析主要包括4个步骤:①模型构建;②模型拟合;③模型评价;④模型修正。模型构建需确定观测变量与潜变量之间的关系,以及潜变量之间的相互关系;模型拟合则是对模型参数的估计;模型评价则需根据模型拟合结果,检验结构方程是否恰当,参数与模型关系是否合理,以及整体拟合指数。

采用结构方程模型分析的主要目的是验证所提出的假设是否具有实证意义,即概念模型是否对实际变量有清晰的描述。因此,对模型的评价是结构方程模型分析中的关键工作。结构方程模型评价的核心是模型的拟合性,即研究者所提出的变量之间的关联模式是否与数据相拟合以及拟合程度如何,由此验证相应的理论研究模型。

本研究将选取 x^2/df (chi-square/df ratio,卡方与自由度的比值)、RMSEA (root mean square error of approximation,近似误差均方根)、RMR (root mean square residual,残差均方根)、CFI (comparative fit index,比较拟合指数)和TLI (tucker-lewis 指数)等指标作为评价模型的拟合指数,各拟合指标判断标准如表6.1所示。

表6.1 结构方程模型的拟合指标标准

指标	判断标准
x^2/df (卡方与自由度的比值)	要求 x^2 不显著($P<0.05$),若 $x^2/df<3$,则对 x^2 不显著的要求可忽略不计;$2<x^2/df<5$,模型可以接受;$x^2/df≤2$,模型拟合较好
RMSEA (近似误差均方根)	RMSEA≥0.1,则模型不拟合;0.05≤RMSEA≤0.1,模型可接受;RMSEA<0.05,模型拟合良好,该值越接近0模型拟合越好
RMR(残差均方根)	RMR<0.08,模型可接受,该值越接近0 表明模型拟合越好
CFI(比较拟合指数)	CFI≥0.90,模型可接受,该值越接近1 表明模型拟合越好
NNFI(非范拟合指数)	NNFI≥0.90,模型可接受,该值越接近1 表明模型拟合越好
IFI(增量适合度指标)	IFI≥0.90,模型可接受,该值越接近1 表明模型适合度越好
P(显著性)	$P>0.5$,即模型具有良好的适合度,$P<0.5$ 代表与数据不拟合

6.3 变量的测量

6.3.1 可持续建设实践的测量

(1)信度分析

对变量的信度分析是根据Cronbach's α系数和各题项与总分的相关系数CITC值对同一维度下的题项进行内部一致性分析。本研究采用了7个指标来衡量可持续建设实践活动,其Cronbach's α系数以及CITC结果如表6.2所示。

表6.2 可持续建设实践活动测量信度检验结果

潜变量	观测变量	CITC	Alpha if item deleted	Cronbach's α
SC	SC1	0.529	0.715	0.756
	SC2	0.497	0.721	
	SC3	0.517	0.716	
	SC4	0.531	0.713	
	SC5	0.449	0.731	
	SC6	0.431	0.737	
	SC7	0.365	0.747	

从上述对可持续建设实践活动的信度分析结果可知,每个观测变量的CITC都大于0.35,同时变量的Cronbach's α也大于0.7,表明对可持续建设实践活动的测量具有较好的信度。

(2)效度测量

①探索性因子分析。

对调查所获得的数据进行检验,以判断是否可以进行探索性因子分析。本研究采用Bartlett's球形检验(Bartlett's test of sphericity)和KMO检验,其中对KMO系数有如下规定:KMO系数在0.90以上非常适合做因素分析,在0.80~0.90为比较适合做因素分析,在0.70~0.80为可以做因素分析,在0.60~0.70为一般,在0.60以下则不适合做因素分析。根据可持续建设实践活动的观测变量的KMO检验结果得知,取样适当性量数统计量为0.814,表明各观测变量的相关程度无太大差异,比较适合做探索性因素分析;Bartlett's球形检验求得的卡方值为464.217,自由度21,显著性.000,表示该相关矩阵不是单位矩阵,所选取数据来自正态分布总体,并且观测变量的相关矩阵有共同因素存在。

采用主成分分析法和最大变异法抽取因素,以特征根大于等于1为因子抽取的原则。在进行迭代式多轮主成分因子分析后,特征值大于1的主成分只有一个,且解释变异量为40.936%。根据采用方差最大化正交旋转结果,旋转后因子负载截取点为0.5,对于任意因子上负载低于0.5进行剔除,统计结果如表6.3所示。

表6.3 可持续建设实践活动探索性因子分析结果

潜变量	观测变量	因子荷载	初始特征值	因子提取特征值	累计方差解释量
SC	SC1	0.700	40.936	2.866	40.936%
	SC2	0.674	11.310		
	SC3	0.680	14.047		
	SC4	0.689	7.601		
	SC5	0.608	7.977		
	SC6	0.585	7.339		
	SC7	0.522	10.790		

②验证性因子分析。

将可持续建设实践作为潜变量(SC),同时把优先采用绿色技术(SC1)、重新构建项目过程和组织结构(SC2)、构建可持续性评价体系(SC3)、选择合适的绿色采购模式和合同结构(SC4)、基于全生命周期的可持续设计(SC5)、进行可持续建设相关培训和教育(SC6)作为SC观测变量,进行一阶验证性因子分析。通过对潜变量SC以及其7个观测变量进行一阶验证性因子分析,参数估计以及模型拟合结果如表6.4和表6.5。

表6.4 可持续建设实践测量CFA模型参数估计

潜变量	观测变量	因子荷载	标准化后因子荷载	SE	CR	P值
SC	SC1	1.000	0.939			
	SC2	0.875	0.859	0.031	27.819	***
	SC3	0.824	0.828	0.033	24.765	***
	SC4	0.878	0.824	0.036	24.418	***
	SC5	0.877	0.813	0.037	23.410	***
	SC6	0.845	0.845	0.032	26.348	***
	SC7	0.893	0.855	0.033	27.380	***

从可持续建设实践测量CFA模型参数估计表(见表6.4)中,可以看到标准化后的因子荷载最小为0.813,最大为0.939,皆大于0.5而小于0.95,并无超过或太接近1的参数,也没有太大的标准误差及负的误差变异存在,表明该一阶可持续建设实践测量具有较好的收敛效度。

表6.5 可持续建设实践测量CFA模型整体拟合度结果

x^2/df	RMSEA	SRMR	CFI	TLI	IFI	NFI	PNFI
1.942	0.058	0.011	0.993	0.990	0.963	0.987	0.658

根据表6.5中的可持续建设实践测量CFA模型整体拟合度结果,可以看到无论是绝

对拟合指数：x^2/df（1.942）、RMSEA（0.058）、SRMR（0.011），还是相对拟合指数：CFI（0.993）、TLI（0.990）、IFI（0.963）、NFI（0.987），以及简明拟合指数：PNFI（0.658），均符合拟合指标的要求。由此可以判断可持续建设实践测量CFA模型与数据具有较高的拟合度，即该测量具有较好的效度。

6.3.2 利益相关者影响因素的测量

（1）信度分析

对利益相关者影响因素变量的Cronbach's α系数和各题项与总分的相关系数CITC值进行分析，结果如表6.6所示。每个变量的Cronbach's α系数都大于0.7，同时CITC值也大于0.35。由此可以判断对利益相关者影响因素的测量具有良好的信度。

表6.6 利益相关者影响因素信度检验结果

潜变量	观测变量	CITC	Alpha if item deleted	Cronbach's α
SRI	SRI1	0.458	0.654	0.768
	SRI2	0.463	0.655	
	SRI3	0.385	0.659	
	SRI4	0.378	0.675	
SF	SF1	0.460	0.749	0.776
	SF2	0.428	0.740	
	SF3	0.499	0.774	
	SF4	0.379	0.747	
SPO	SPO1	0.458	0.765	0.793
	SPO2	0.463	0.767	
	SPO3	0.385	0.756	
SRE	SRE1	0.471	0.764	0.701
	SRE2	0.439	0.754	

（2）效度分析

①探索性因子分析。

对利益相关者影响因素进行Bartlett's球形检验和KMO检验，结果表明取样适当性量数统计量为0.701，表明各观测变量的相关程度无太大差异，比较适合做探索性因素分析；通过Bartlett's球形检验求得的卡方值为714.97，自由度78，显著性.000。Bartlett's球形检验和KMO检验的检验结果表明适合进行探索性因子分析。

采用主成分分析法和最大变异法抽取因素，以特征根大于等于1为因子抽取的原则。

在进行迭代式多轮主成分因子分析后,特征值大于1的主成分有4个,且解释变异量为55.45%(见表6.7)。根据采用方差最大化正交旋转结果,旋转后因子负载截取点为0.5,对任意因子上负载低于0.5进行剔除,统计结果如表6.7所示。

表6.7 利益相关者影响因素的探索性因子分析

	主成分			
	1	2	3	4
SF1	0.785	0.450	0.181	0.322
SF2	0.759	0.375	0.073	0.249
SF3	0.694	0.408	0.341	0.011
SF4	0.645	0.320	0.321	0.030
SRI1	0.250	0.728	0.138	0.129
SRI2	0.220	0.688	0.166	0.003
SRI3	0.305	0.675	0.287	0.110
SRI4	0.327	0.634	0.165	0.301
SRE1	0.344	0.258	0.004	0.770
SRE2	0.362	0.107	0.297	0.674
SPO1	0.390	0.014	0.730	0.351
SPO2	0.384	0.041	0.689	0.012
SPO3	0.360	0.031	0.675	0.058
特征值	2.778	1.874	1.340	1.216
累积解释变异量	21.372%	35.785%	46.094%	55.450%

②验证性因子分析。

根据前面章的理论基础以及论述,本研究从利益相关者角度提出影响可持续建设实施的4个主要维度,同时每个维度还包括相应的观测指标。因此,利益相关者影响因素测量模型是一个二阶因子结构。通过对利益相关者影响因素测量模型进行验证性因子分析,得到参数估计(见表6.8)和整体拟合结果(见表6.9)。

表6.8 利益相关者影响因素测量CFA模型参数估计

潜变量	观测变量	因子荷载	标准化后因子荷载	SE	CR	P值
SRI	SRI1	0.550	0.701	0.040	15.843	***
	SRI2	0.693	0.764	0.044	13.955	***
	SRI3	1.000	0.877			
	SRI4	0.539	0.597	0.048	11.243	***
SF	SF1	0.998	0.653	0.106	9.395	***

续表

潜变量	观测变量	因子荷载	标准化后因子荷载	SE	CR	P值
	SF2	1.316	0.750	0.127	10.398	***
	SF3	1.000	0.649			
	SF4	1.069	0.622	0.118	9.037	***
SPO	SPO1	1.378	0.571	0.473	3.788	***
	SPO2	1.433	0.727	0.388	3.578	***
	SPO3	1.000	0.510			
SRE	SRE1	1.000	0.795			
	SRE2	0.843	0.757	0.378	3.673	***

从表6.8中的结果得知,利益相关者影响因素的4个维度中各个观测变量的标准化后的因子荷载都大于0.5且小于0.95,表明二阶利益相关者影响因素测量模型具有较好的收敛效度。

表6.9 利益相关者影响测量CFA模型整体拟合度结果

x^2/df	RMSEA	SRMR	CFI	TLI	IFI	NFI	PNFI
2.384	0.092	0.090	0.909	0.912	0.924	0.924	0.569

根据表6.9中的利益相关者影响因素测量CFA模型整体拟合度结果,可以看到无论是绝对拟合指数:x^2/df(2.384)、RMSEA(0.092)、SRMR(0.090),还是相对拟合指数:CFI(0.909)、TLI(0.912)、IFI(0.924)、NFI(0.924),以及简明拟合指数:PNFI(0.569),均符合拟合指标的要求。由此可以判断利益相关者影响因素测量CFA模型与数据具有较高的拟合度,该测量具有较好的效度。

6.4 结构方程模型检验与分析

6.4.1 模型拟合

本研究选择采用AMOS 22.0软件进行结构方程模型运算,通过将数据导入软件来进行模型运算,初始运算结果如图6.2所示,其结果如表6.10。

表6.10 假设模型路径参数估计表

路径关系	路径系数	标准化系数	标准误差	C.R.	P值
SPO→SC	0.085	0.068	0.136	1.980	0.049
SF→SC	0.573	0.624	0.108	6.457	***
SRE→SC	0.146	0.132	0.072	2.114	0.035

续表

路径关系	路径系数	标准化系数	标准误差	C.R.	P值
SRI→SC	−0.337	−0.477	0.105	5.246	***
SRE→SF	0.036	0.248	0.038	0.958	0.380
SRI→SF	−0.644	−0.554	0.102	6.094	***
SPO→SF	0.559	0.667	0.081	7.390	***
SRE→SRI	0.483	0.472	0.128	3.783	***
SPO→SRI	−0.264	−0.276	0.117	4.678	***
SRE→SPO	0.241	0.341	0.770	3.318	0.002

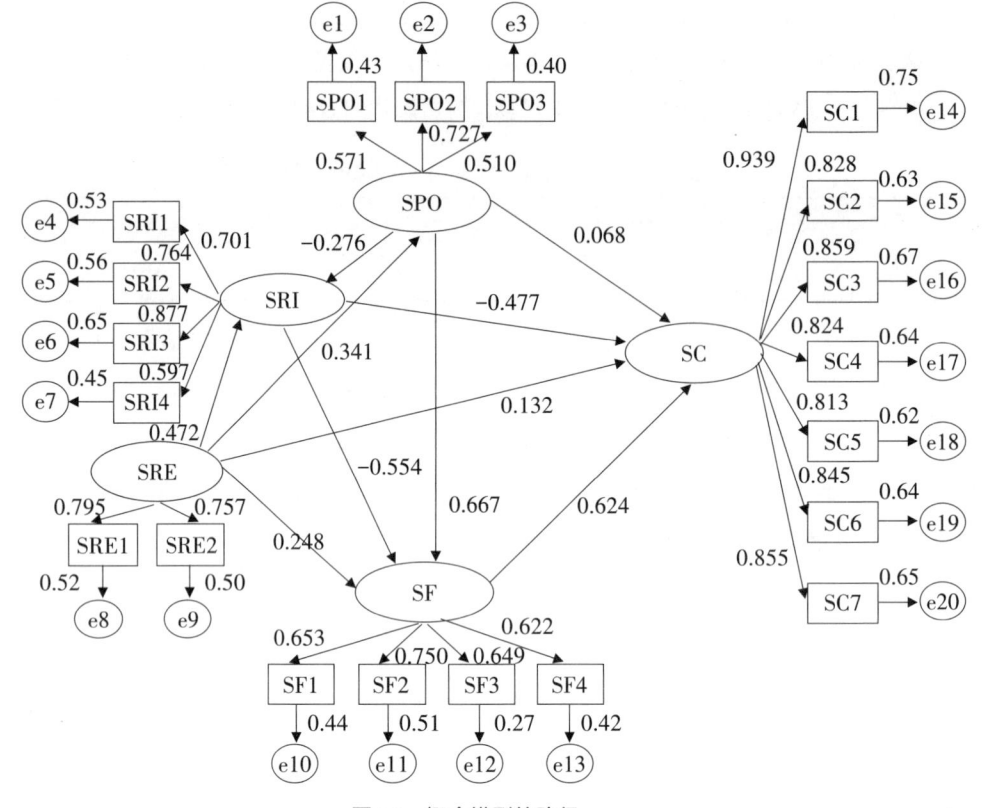

图6.2 概念模型的路径

根据表6.10中的路径参数估计结果,大部分路径在 $P \leqslant 0.05$ 水平上,具有统计显著性,然而SRE→SF这条路径的P值为0.380,大于0.05,不具有统计显著性,即该假设未通过,还需对模型进行修正。

6.4.2 模型修正

从上述的概念模型的路径图中以及参数估计结果中,可以得知有路径(SRE→SF)的参数显著性检验没有通过。故此,将这条路径进行删除后重新进行运算,结果如表6.11所示。

表6.11　修正模型的路径参数估计结果

路径关系	路径系数	标准化系数	标准误差	C.R.	P值
SPO→SC	0.092	0.072	0.710	2.010	0.043
SF→SC	0.584	0.634	0.105	6.777	***
SRE→SC	0.089	0.134	0.078	2.133	0.047
SRI→SC	−0.339	−0.482	0.099	3.310	***
SRI→SF	−0.705	−0.696	0.096	7.040	***
SPO→SF	0.572	0.618	0.061	7.601	***
SRE→SRI	0.496	0.514	0.036	6.961	***
SPO→SRI	−0.283	−0.292	0.112	4.818	***
SRE→SPO	0.270	0.239	0.708	4.454	***

通过对模型进行修正后，发现各路径参数的显著性检验均通过，同时各标准误差均小于0.95，且不存在负的误差变异，表明模型不存在违规现象，可以进行整体拟合，结果如表6.13所示。

表6.12　修正后模型整体拟合度结果

x^2/df	RMSEA	SRMR	CFI	TLI	IFI	PNFI
1.889	0.091	0.047	0.915	0.912	0.934	0.742

根据表6.12中对修正后模型的整体拟合指数的分析，发现绝对拟合指数中的x^2/df（1.889）小于2，表明模型拟合较好；RMSEA（0.091），小于可接受值0.1，表明模型可以接受；SRMR（0.047）远小于可接受值0.1，同时也小于0.08，表明模型拟合良好；从相对拟合指数进行分析，发现CFI（0.915）也大于可接受值0.9，同时IFI（0.934）也大于接受值0.9，而TLI（0.912）也大于可接受值0.9；整体模型拟合的简约拟合指数PNFI（0.742）也大于可接受值0.5。由此可见，大部分拟合指数显示模型整体拟合良好，表明修正后的模型具有良好的拟合度。

6.4.3　假设检验结果

本研究以修正后的模型为最终确定模型，根据最终确定模型的结构方程模型运行结果，结合表6.11对本研究所提出的假设进行分析，结果如下。

（1）H1假设检验

对表6.11的内容分析，可以知道利益相关者的4个维度对于可持续建设实施的路径系数均通过显著性检验，表明H1假设检验全部通过。在这4个维度中，利益相关者的满意度以及其所承担的风险的路径系数较大，即其影响程度较高，同时满意度具有正面影响，而风险则具有负面影响。利益相关者拥有的权力以及资源则对可持续建设实施具有间接影响,其中权力是通过影响满意度这个中介变量来影响方案的实施,而资源则是通过影响风险、权力和满意度这3个中介变量来影响可持续建设实践活动的实施。

(2) H2假设检验

H2假设检验主要是对利益相关者影响因素中满意度与其他3个维度之间的关系进行分析。结合上述3个表中的内容,可以发现利益相关者拥有的资源对其满意度之间的路径系数的显著性检验未通过,表明利益相关者所拥有资源的完备性与其在可持续建设实施过程中的满意度之间不存在相关关系,即H2假设被拒绝。同时,在通过的假设中,利益相关者的风险对满意度呈现负面直接影响,而利益相关者的权力对其满意度呈现正面直接影响,影响均显著。

(3) H3假设检验

结合上述3个表,发现利益相关者拥有的资源与其承担的风险和拥有的权力之间的假设获得通过。利益相关者拥有的资源对其在可持续建设实施过程中拥有的权力具有直接影响,对其承担的风险也具有直接影响,并且相较于对权力的影响,利益相关者拥有的资源对其承担的风险的影响程度更大,表明利益相关者在可持续建设实施中投入资源带来的风险相对于资源赋予的权力更大。

(4) H4假设检验

根据上述结果,可以发现利益相关者所拥有的权力能够影响其承担的风险大小。权力越大,所承担的风险越小;而权力越小,则所承担的风险越大。由此可见,利益相关者在可持续建设中所拥有的权力与其承担的风险呈现出负相关性。

综合上述的论述,对本研究所提出的假设进行检验后结果如下表6.13。

表6.13 假设检验结果汇总表

假设	内容	结果
H1	利益相关者对可持续建设实施有直接影响	支持
H11	利益相关者拥有的权力对可持续建设实施有直接影响	支持
H12	利益相关者承担的风险对可持续建设实施有直接影响	支持
H13	利益相关者拥有的资源对可持续建设实施有直接影响	支持
H14	利益相关者的满意度对可持续建设实施有直接影响	支持
H2	利益相关者的权力、承担的风险以及投入的资源对他们的满意度有直接影响	拒绝
H21	利益相关者拥有的权力对他们的满意度有直接影响	支持
H22	利益相关者承担的风险对他们的满意度有直接影响	支持
H23	利益相关者投入的资源对他们的满意度有直接影响	拒绝
H3	利益相关者拥有的资源会影响他们的权力和风险	支持

续表

假设	内容	结果
H31	利益相关者拥有的资源对他们的权力有直接影响	支持
H32	利益相关者拥有的资源对他们承担的风险有直接影响	支持
H4	利益相关者拥有的权力会影响他们承担的风险	支持

6.4.4 模型效应分析

为了进一步验证模型中的潜变量之间的关系,本研究对它们进行了关系效应分析。潜变量之间的关系包括直接效应和间接效应,直接效应是某一变量对另一变量的直接影响,通常采用标准化路径系数来衡量;间接效应则是某一变量通过某一中介变量对另一变量的间接影响,采用各变量的标准化路径系数的乘积来衡量。在进行关系效应分析时,通常采用的原则为:直接效应大于间接效应则表示中介变量不发挥作用;直接效应小于间接效应则表示中介变量发挥关键作用,必须引起重视。通过对修正后的模型进行关系效应分析,其结果如表6.14所示。

表6.14 修正模型的关系效应

路径关系	标准化直接效应	标准化间接效应	总效应
SPO→SC	0.072	0.392	0.464
SF→SC	0.634	0.000	0.634*
SRE→SC	0.134	−0.209	−0.075
SRI→SC	−0.482	−0.441	−0.923*
SRI→SF	−0.696	0.000	−0.696*
SPO→SF	0.618	0.000	0.618*
SRE→SRI	0.514	0.000	0.514*
SPO→SRI	−0.292	0.000	−0.292
SRE→SPO	0.239	0.000	0.239

对表6.14中各变量之间关系效应进行总结,可以发现一共有5对变量之间的关系效应较为显著(大于0.5)。值得注意的是SRI→SC这对变量之间的关系效应则直接效应和间接效应均小于0.5,同时,SRI→SC的间接效应还包括SRI→SF和SF→SC这两对效应较为显著的路径关系。根据表6.14中的内容,可以画出该模型的关键路径,如图6.3所示(实线箭头表示关键路径,虚线则表现非关键路径)。

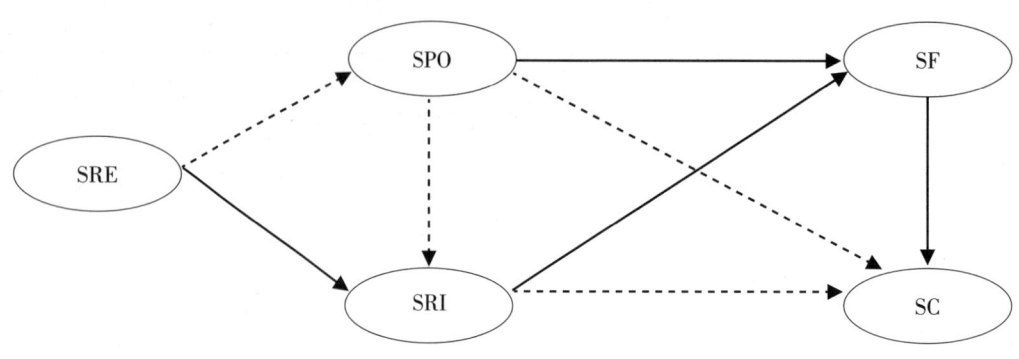

图6.3 结构方程模型的关键路径

(1)资源→风险→满意度→可持续建设实践

该条路径最终对可持续建设实践活动产生负面影响,意味着利益相关者投入的资源越多,所承担的风险将会越大,可持续建设实践活动实施的状况也会越差。根据第四章的分析结果,利益相关者在基础设施项目可持续建设中的贡献有关键和非关键之分,而承担的风险也有相对较多和相对较少之分。结合表6.14中的数据,利益相关者投入资源提高一个单位,他们承担的风险则会增加0.514个单位,风险增加一个单位,其满意度降低0.696个单位。因此,对于那些投入资源较多或承担风险较大的利益相关者,他们的满意度将会降低,进而影响他们实施可持续建设实践活动。可持续建设需要各利益相关者共同协作才能完成,而不是单靠某几个利益相关者就能成功实施。因此,必须合理分配实施可持续建设中的风险,以提高实施可持续建设的总体满意度,才能确保可持续建设的顺利实施。

(2)权力→满意度→可持续建设实践

该条路径对可持续建设实践活动产生正面效应,权力越大并不会带来可持续建设实践活动实施状况的改善,而是通过对这些利益相关者需求的满足产生间接影响。根据表6.14中的数据,利益相关者的权力提高一个单位,其满意度则提高0.618个单位。这意味着利益相关者的权力越大,他们需求被满足的可能性也会越高。根据第四章中利益相关者在可持续建设权力的实证分析结果,不同利益相关者所拥有的权力大小呈现出显著性差异。对于那些权力较小的利益相关者而言,他们需求的满足则不能得到保障。同时,根据图6.3中的路径,利益相关者的权力与风险之间也存在一定的关系,即利益相关者的权力提高一个单位,其承担的风险会降低0.292个单位,他们的满意度增加0.618个单位。这意味着权力大的利益相关者会将其所承担的风险进行转移,增加他们需求被满足的程度,而权力较小的利益相关者所承担的风险则会有所增加,其满意度将会进一步降低。由此可见,权力大的利益相关者会行使他们所拥有的权力直接或间接地提高他们的满意度,而那些权力小的利益相关者的需求满足程度则有可能进一步减小。因此,只注重从权力的维度进行利益相关者分析，所采取的措施将不能确保可持续建设实践活动的全面实施，必须探讨利益相关者的贡献以及风险维度。

通过对上述两条关键路径进行分析，可以发现利益相关者的3个属性——贡献（资源）、风险以及权力，均通过影响其需求满足程度对可持续建设实施产生一定影响，其中，利益相关者的贡献和风险与其满意度之间存在负面效应，而权力则与其满意度之间则存在正面效应。根据表6.14中的数据，利益相关者的资源增加一个单位，只会提高权力0.239个单位，由此带来的风险增加0.514个单位。然而，利益相关者承担的风险增加所引起的满意度下降程度要高于其权力所带来的满意度增加程度。由此可见，利益相关者投入资源参与可持续建设并不能确保其需求得到满足，可能会承担更大的风险，而风险增加一个单位，可持续建设实施程度则会降低0.923个单位。因此，在对基础设施项目中利益相关者进行分析时，必须对他们的贡献、风险、权力等进行全面分析，从而保障可持续建设的全面实施。这一结论进一步印证了笔者在第四章所提出的利益相关者集成分析框架的合理性。

6.5　本章小结

本章对利益相关者与可持续建设实践活动的关系进行实证研究，采用了结构方程模型分析利益相关者的4个维度对可持续建设实践活动的影响。首先，对利益相关者的4个维度与可持续建设实践活动的实施的关系提出了4个方面的假设。然后，采用问卷调查法以及AMOS 22.0软件进行数据分析，对相关假设进行验证和探讨各变量之间的影响关系。最后发现，除了利益相关者拥有的资源会影响其满意度的假设被拒绝之外，假设均得以通过检验。同时，根据拟合结果发现了两条关键路径，即"资源→风险→满意度→可持续建设实践"和"权力→满意度→可持续建设实践"。这两条关键路径揭示出利益相关者的贡献（资源）、风险、权力以及满意度与可持续建设实践之间的关系，为下一章构建基于利益相关者的基础设施项目可持续建设方案决策模型提供依据。

7 基于利益相关者的基础设施项目可持续建设方案决策研究

根据利益相关者与可持续建设实践关系的实证研究结果,需求满足是推动可持续建设实施的关键因素,而利益相关者承担的风险以及拥有的权力也会影响其需求的满足。利益相关者作为可持续建设方案的实施主体,在方案评价与选择过程中,也会根据他们需求的满足程度来进行决策。本章将根据前文的实证研究结果,结合利益相关者识别和分析以及可持续建设满意度影响因素的探讨结果,构建出基于利益相关者的基础设施项目可持续建设方案决策模型。

7.1 基于利益相关者的可持续建设方案决策模型

7.1.1 可持续建设方案决策中利益相关者的特点

(1)利益相关者对方案满意度影响因素重要程度判断不同

根据第五章中对识别出的16个可持续建设方案满意度影响因素进行分析的结果,由于不同利益相关者对于可持续建设的经济、环境、社会以及技术方面的需求程度不同,导致他们对这16个影响因素的重要性判断存在差异,同时,不仅不同利益相关者之间存在差异,对于不同类型项目也存在差异。因此,在进行方案决策时,必须根据利益相关者的需求来确定这些影响因素的决策权重。

(2)利益相关者对于可持续建设的重要性不同

利益相关者对于基础设施项目可持续建设的重要性更多体现在其投入的资源的关键性以及所承担风险的程度。根据第四章的分析结果,不同利益相关者投入的资源以及在项目中所承担的风险不同,他们对于可持续建设的重要性也就不同。利益相关者的重要性越高,对于可持续建设实施的关键性越大,而资源和风险对于需求的满足呈现出负面的影响。由于需求满足是影响利益相关者参与可持续建设的主要动力,而利益相关者的需求在不同方案中的满足程度不同。根据利益相关者重要性来构建他们在方案决策中的参与权重,以确保那些关键的利益相关者的需求得到满足。

(3)利益相关者对可持续建设拥有的影响力不同

利益相关者的影响力更多是指对项目决策或者实施的影响程度,然而他们实施权力的根本原因来自其需求的不满足。结合第四章和第五章的结论,不同利益相关者对于可持续建设所拥有的权力呈现出差异,其对可持续建设需求的侧重点也不相同。不同的可持续建设方案对不同利益相关者的需求满足程度不同,一旦最终的方案与利益相关者根据其满意度确定的方案不一致时,他们将会实施所拥有的权力来影响方案的决策。因此,在进行方案最终决策时,要考虑到不同利益相关者的影响力。

7.1.2 可持续建设方案决策中利益相关者的目标

(1)满意度最高

由于利益相关者的有限理性以及决策环境的模糊性,他们在决策过程中往往采用满意解替代最优解。需求满足是他们参与可持续建设的主要动力,也是他们在做方案决策时的评价准则。由于不同方案在可持续性经济、社会、环境以及技术方面的表现不同,各利益相关者对这些方面的评价权重又存在差异,不同方案对不同利益相关者的需求满足程度将会不同。同时,利益相关者的权力与需求满足之间存在紧密关系,而投入的资源和承担的风险又会降低他们的满意度。因此,在可持续建设方案决策过程中,必须重点关注那些权力较小、投入资源较多以及承担风险较高的利益相关者,以提高最终方案决策结果的总体满意度。

(2)选择一致性

方案选择一致性是根据利益相关者对于方案选择的相似性来对可持续建设方案进行决策。尽管方案满意度最高在最大限度上满足了利益相关者在可持续建设中的需求,然而不同方案对不同利益相关者的需求满意程度不同,导致不同利益相关者可能对于方案选择有不同的结果。根据第六章的结论,利益相关者的权力对其满意度产生显著影响,即利益相关者会通过实施权力来影响项目方案的最终选择,以提高其满意度。因此,在进行一致性分析时,必须结合利益相关者的影响力来探讨不同利益相关者对于方案选择的相似性,以确保方案的顺利实施。

7.1.3 基于利益相关者的决策信息表达

利益相关者在参与可持续建设方案决策过程中,由于决策环境的模糊性,通常无法给出确切的决策信息,多采用语言变量形式来表达决策信息。梯形模糊语言变量可以确切表达模糊信息,减少决策过程中的信息丢失,使得语言变量更为丰富地处理具有模糊性的不确定信息,使得决策结果更为科学。

(1)梯形模糊数

设 $\tilde{A}=(a,b,c,d),-\infty<a\leqslant b\leqslant c\leqslant\infty$,对于模糊函数 $\mu(x)$,当 x 处于 $[b,c]$ 时,函数有最大值,例如 $\mu(x)=1$,这个区间也是被模糊化最有可能处于的位置,常数 a 和 d 是模糊数的上下限,这个区间也反映了数值的模糊性。其隶属度函数 μ_A 可以表示为:

$$\mu_A \begin{cases} (x-a)/(b-a), a\leqslant x\leqslant b \\ 1, b<x\leqslant c \\ (x-d)/(c-d), c\leqslant x\leqslant d \\ 0, 其他 \end{cases}$$

设 $\tilde{a}=(a_1,a_2,a_3,a_4)$ 和 $\tilde{b}=(b_1,b_2,b_3,b_4)$ 为梯形模糊数,则其运算规则如下(高岩等,2011):

① $\tilde{a}\oplus\tilde{b}=(a_1+b_1,a_2+b_2,a_3+b_3,a_4+b_4)$;

② $\tilde{a}\otimes\tilde{b}=(a_1b_1,a_2b_2,a_3b_3,a_4b_4)$;

③ $\lambda\tilde{a}=(\lambda a_1,\lambda a_2,\lambda a_3,\lambda a_4)$;

④ $\tilde{a}^{-1}=(1/a_1,1/a_1,1/a_3,1/a_4)$;

⑤ $\tilde{a}/\tilde{b}=(a_1/b_1,a_2/b_2,a_3/b_3,a_4/b_4)$;

⑥ $\tilde{a}-\tilde{b}=(a_1-b_1,a_2-b_2,a_3-b_3,a_4-b_4)$。

(2)语言变量

利益相关者在进行决策时,通常会事先设定好语言评价标度 $S=\{S_i|i=0,\cdots,t\}$,其中 S_0 和 S_t 分别表示语言标度的上限和下限,同时还具有以下的特性(徐泽水,2006;孟凯凡,2006)。

①若 $\alpha>\beta$ 则 $S_\alpha>S_\beta$;

②存在负算子 $neg(S_i)=S_j$,使得 $i=t-j$;

③若 $S_i>S_j$,则 $\max(S_i,S_j)=S_i,\min(S_i,S_j)=S_j$。

通常在设定语言评价标度的个数时,语言短语集的元素为奇数,即 t 为偶数。结合本研究中的决策内容,对方案满意度影响因素的重要性进行评价时,可以采用5级语言变量 $S=(S_0=$非常不重要,$S_1=$不重要,$S_2=$一般,$S_3=$重要,$S_4=$非常重要);而对方案满意度进行评价时,则采用9级语言变量 $S=(S_0=$非常差,$S_1=$很差,$S_2=$差,$S_3=$稍差,$S_4=$一般,$S_5=$稍好,$S_6=$好,$S_7=$很好,$S_8=$非常好)。

对于语言变量集 S 中的任意变量 $S_\alpha, S_\beta \in S$，其运算法则如下（徐泽水，2006；李正义等，2008）：

① $\mu S_\alpha = S_{\mu\alpha}$；

② $S_\alpha \oplus S_\beta = S_{\alpha \oplus \beta}$；

③ $S_\alpha \oplus S_\beta = S_\beta \oplus S_\alpha$；

④ $S_\alpha \otimes S_\beta = S_{\alpha\beta}$；

⑤ $\mu(S_\alpha \otimes S_\beta) = S_{\mu\alpha \oplus \mu\beta}$。

（3）语言变量与梯形模糊数的转换

语言变量是处理难以定量决策的有效方法，语言变量为自然语言的词组，可以将其转换为模糊数来进行表示。（邓伟、吴祈宗，2007）袁竞峰（2008）对于5级语言变量和9级语言变量与梯形模糊数的转换关系进行定义，结果如表7.1和表7.2所示。

表7.1　5级语言变量及其对应的模糊数

语言变量	问卷调查中的5级评分	模糊数
非常不重要	1	(0,0,0,3)
不重要	2	(0,3,3,5)
一般	3	(2,5,5,8)
重要	4	(5,7,7,10)
非常重要	5	(7,10,10,10)

表7.2　9级语言变量及其对应的模糊数

方案满意度判断的语言变量	模糊数
非常差（EP）	(0,0,0,20)
介于非常差和差之间（EP/P）	(0,0,20,40)
差（P）	(0,20,20,40)
介于差和一般之间（P/F）	(0,20,50,70)
一般（F）	(30,50,50,70)
介于一般和好之间（F/G）	(30,50,80,100)
好（G）	(60,80,80,100)
介于好和非常好之间（G/EG）	(60,80,100,100)
非常好（EG）	(80,100,100,100)

7.1.4　基于利益相关者的可持续建设方案决策设计

基于利益相关者的可持续建设方案决策模型是根据利益相关者的重要性和影响力来构建决策权重，以满意度影响因素作为评价准则，在利益相关者对各方案进行判断和选择的基础上确定最终的方案。该模型主要以满意度和一致性为目标，而这两个目标的分析都是以各利益相关者对于方案的满意度评价为基础。

可持续建设方案满意度分析,是以利益相关者的重要性构建利益相关者的决策权重,根据他们对各方案的满意度评价结果,以此计算出各方案的满意度,从而选择出满意度最高的方案。可持续建设一致性分析,则是以利益相关者的影响力构建决策权重,结合他们对于方案的选择偏好,分析他们对于这些方案的分歧程度,以此探讨他们在最终方案决策中的一致性程度。最后,根据满意度和一致性分析的结果,确定最终的方案,具体思路如图7.1所示。

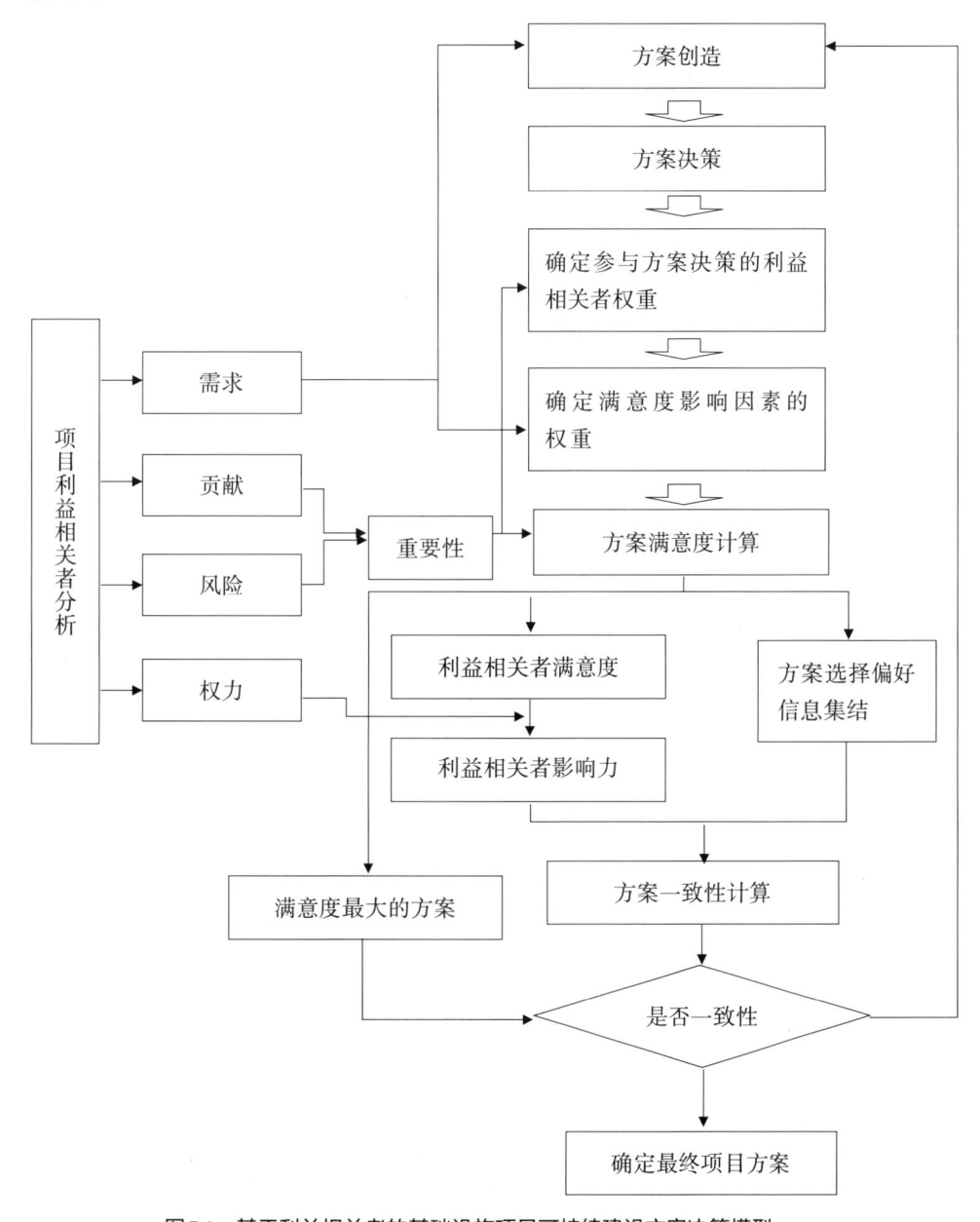

图7.1 基于利益相关者的基础设施项目可持续建设方案决策模型

7.2 基于利益相关者的可持续建设方案决策方法

根据图7.1所示,基于利益相关者的基础设施项目可持续建设方案决策模型主要包括了以下几个步骤:参与决策的利益相关者权重确定、方案满意度影响因素权重赋值、方案满意度计算以及方案一致性计算。

7.2.1 决策权重确定

确定利益相关者的决策参与权重首先必须确定出参与决策的利益相关者是哪些,然后计算出在满意度分析和一致性分析中的决策参与权重。

(1)确定参与方案决策的利益相关者

根据第四章中从贡献、风险和权力3个方面的实证分析结果,基础设施项目可持续建设利益相关者被分为核心型、关键型、蛰伏型和次要型4个类型。核心型利益相关者对项目可持续建设贡献较大、承担的风险较多同时拥有较大的权力,关键型利益相关者则是在贡献、风险和权力3个方面中至少有两个方面是较为关键,蛰伏型利益相关者则是在一个方面较为关键,次要型利益相关者则在每个方面都是处于非关键的状态。基于此,本研究确定参与可持续建设方案决策的为核心型、关键型和蛰伏型利益相关者,包括政府、运营方、拆迁方、业主、咨询方、设计方、施工方、金融机构、周边社区、监理方,但基于供应方和社会公众的重要性,本研究最终选取政府、运营方、拆迁方、业主、设计方、施工方、金融机构、周边社区、监理方、供应方、社会公众作为利益相关者。

(2)确定利益相关者的决策参与权重

本研究中所提出的决策目标包括满意度和一致性,满意度要求寻找满意度最高的方案,而一致性则强调各利益相关者选择偏好的一致程度最大。在满意度分析中,以利益相关者的重要性为分析权重,而一致性分析则是以其影响力作为计算权重。由于影响力是结合了各利益相关者的满意度以及他们的权力综合计算而成,在此处的计算中,仅对其权力进行探讨。

结合第四章中对各利益相关者在可持续建设中的贡献、风险和权力三方面的问卷调查结果,采用重要性指数来分别构建满意度决策中的权重以及一致性分析中的权力重要性指数。重要性指数(SI)是由 Idrus & Newman(2001)提出的,其计算过程如公式7.1:

$$\text{Severity Index(SI)} = \left(\sum_{i=1}^{5} w_i \frac{f_i}{n} \cdot 100 \right) \Big/ (a \cdot 100) \tag{7.1}$$

其中,W_i 是问卷填写者基于李克特量表对于利益相关者在基础设施项目可持续建设中的贡献和承担风险的判断,(5=非常重要,4=重要,3=一般,2=不重要,1=非常不重要),

而 f_i 则是相关评价的频数。

利益相关者的重要性是由其贡献和风险共同决定的,因此在满意度决策中的权重计算中,首先计算出各利益相关者的贡献重要性指数 SIC_i 和风险重要性指数 SIR_j,然后计算各利益相关者的贡献重要性指数和风险重要性指数的和 $SII_j=SIC_i+SIR_j$,由此可以得到各利益相关者在满意度决策中的权重 SI_j,其计算过程如公式 7.2。

$$SI_j = \frac{SII_j}{\sum_{j=1}^{11} SII_j} \tag{7.2}$$

根据第四章中的问卷调查结果,采用上述计算方法可以得到基础设施项目可持续建设中的11个利益相关者在满意度决策中的权重以及在一致性分析中权力的权重,如表7.3所示。

表7.3 利益相关者决策参与权重计算结果

利益相关者	贡献(SIC)	风险(SIR)	权力(SIP)	权重(SII)	权重(SFP)
政府	82.35	72.94	79.22	0.095	0.0991
业主	94.51	62.94	89.02	0.0963	0.1113
设计方	92.55	62.16	76.47	0.0946	0.0956
施工方	93.14	57.45	77.25	0.0921	0.0966
供应方	73.14	53.92	65.88	0.0777	0.0824
监理方	51.57	47.06	82.54	0.0603	0.1032
运营方	90.00	70.00	75.88	0.0979	0.0949
金融机构	86.47	53.53	72.35	0.0856	0.0905
周边社区	74.51	90.59	65.29	0.1010	0.0816
社会公众	67.84	82.55	61.37	0.0920	0.0767
拆迁方	94.12	81.76	54.51	0.1076	0.0682
共计	900.20	734.90	799.78	1	1

7.2.2 满意度评价指标权重的确定

根据第五章对基础设施项目可持续建设满意度影响因素的分析结果,可以知道利益相关者对基础设施项目可持续建设满意度不同影响因素的判断存在差异,同时利益相关者之间对这些可持续建设满意度影响因素的判断也存在差异,以及他们对不同类型项目的满意度影响因素的判断也存在差异。因此,在进行基础设施项目可持续建设方案满意度决策时,必须结合具体的项目类型,根据不同利益相关者对这些因素重要性的判断结果进行赋值。

在目前的群体决策中,对于决策指标赋值主要有两种方式:主观赋值法和客观赋值法。采用梯形模糊数来确定权重可以弥补以往采用均值量化过程中的信息丢失,也能够对定性指标进行量化处理,但其本质上仍是一种主观赋值法。(白世贞、王海滨,2008)客观赋值法是根据客观数据得到,反映的是数据之间的分布关系和特点,而与决策者的主观偏好无关。而客观赋值法中,以基于熵的客观权重赋值法最有代表性。熵是信息论中的一个重要的概念,其反映了系统无序化程度,即信息熵越小,系统无序化程度越大;信息熵越大,系统无序化程度越小。基于熵的权重确定方法是根据各决策指标观察值所提供的信息量大小来确定权重,反映了各指标在竞争意义上的相对激烈程度的系数,目前已经被广泛应用于项目相关决策评价中。在此基础上,笔者提出基于熵权的可持续建设满意度影响因素梯形模糊权重的计算方法,该方法主要包括了以下几个步骤。

(1)构造梯形模糊判断矩阵

设有 k 类型利益相关者对满意度影响因素进行重要性判断。采用5级语言变量来表示各影响因素的重要性,其中 S_0=非常不重要,S_1=不重要,S_2=一般,S_3=重要,S_4=非常重要。根据对满意度影响因素重要性判断结果,采用表7.1将其转化为梯形模糊数 $(a_{ij}, b_{ij}, c_{ij}, d_{ij})$,$i=1,\cdots,n,1,\cdots,m$,其中 n 代表 k 类型利益相关者的个数,而 m 表示满意度影响因素的个数。由此可以构造出 k 类型利益相关者的初始梯形模糊判断矩阵 B。

$$B = \begin{bmatrix} (a_{11}, b_{11}, c_{11}, d_{11}) & (a_{12}, b_{12}, c_{12}, d_{12}) & \cdots & (a_{1m}, b_{1m}, c_{1m}, d_{1m}) \\ (a_{21}, b_{21}, c_{21}, d_{21}) & (a_{22}, b_{22}, c_{22}, d_{22}) & \cdots & (a_{2m}, b_{2m}, c_{2m}, d_{2m}) \\ \vdots & \vdots & & \vdots \\ (a_{n1}, b_{n1}, c_{n1}, d_{n1}) & (a_{n2}, b_{n2}, c_{n2}, d_{n2}) & \cdots & (a_{nm}, b_{nm}, c_{nm}, d_{nm}) \end{bmatrix}$$

(2)模糊合成

由于各利益相关者在进行影响因素判断中的权重都相同,采用"⊕"算子进行模糊合成,最终构造出模糊合成矩阵 $T=(a_1, b_1, c_1, d_1)(a_2, b_2, c_2, d_2),\cdots,(a_m, b_m, c_m, d_m)$。

(3)确定模糊权重

梯形模糊数 $\tilde{A}=(a,b,c,d)$ 的符号距离可以定义为 $d(\tilde{A})(a+b+c+d)/4$,代表了满意度影响因素重要性的聚集。(袁竞峰,2008)采用类似的方法来确定每个满意度影响因素 j 的权重 $d_j(\tilde{A})(a_j+b_j+c_j+d_j)/4n$,最后通过归一化处理得到最后的权重集 $w_1=(d_1, d_2,\cdots,d_m)$。

(4)确定熵权

计算每个满意度影响因素 j 的熵 $H_j=-d_j \ln d_j$,并求每个影响因素熵 H_j 的差异系数 $g_j=1-H_j$。g_j 越大,对于满意度决策的作用越大,熵值越小;g_j 越小,对于满意度决策的作用越小,熵值越大。(白世贞、王海滨,2008)通过对差异系数进行归一化处理,最终可以得到各满意度影响因素的熵权 d_j',其计算过程如公式7.3所示:

$$d'_j = {g_j} \Big/ {\sum_{j=1}^{m} g_j} \tag{7.3}$$

由此可以得到满意度影响因素的熵权集 $w_2=(d'_1,d'_2,\cdots,d'_m)$。

(5)组合权重确定

通过上述的计算,可以确定出梯形模糊权重和熵权,由此可以得到满意度各影响因素的最终权重 I_j,计算公式(7.4)如下:

$$I_j = \frac{d_j \times d'_j}{\sum_{j=1}^{m} d_j \times d'_j} \tag{7.4}$$

(6)算例

某项目对方案需进行评价,现有的评价指标有4个(X1,X2,X3,X4)。现有3个类型的方案评价者,根据他们对这些指标的重要性判断结果,分别确定他们对这些指标的权重。

表7.4 案例分析中的指标评价结果

	类型1			类型2			类型3		
	1	2	3	1	2	3	1	2	3
X1	S_0	S_1	S_2	S_3	S_3	S_4	S_4	S_3	S_4
X2	S_4	S_3	S_4	S_2	S_2	S_1	S_3	S_4	S_3
X3	S_2	S_1	S_2	S_0	S_1	S_1	S_3	S_3	S_2
X4	S_2	S_2	S_3	S_1	S_1	S_2	S_3	S_3	S_2

①首先根据表7.1,将上述各类型评价者的判断结果转化为梯形模糊数,然后进行模糊合成,可以得到各类型评价者的模糊合成矩阵。

$B1=[(2,8,8,16),(19,27,27,30),(4,13,13,15),(9,17,17,26)]$

$B2=[(17,24,24,30),(4,13,13,15),(0,3,3,11),(2,11,11,18)]$

$B3=[(19,27,27,30),(17,24,24,30),(12,19,19,28),(12,19,19,28)]$

②计算模糊主观权重。

根据梯形模糊数的距离定义,可以分别计算出每个类型评价者的模糊主观权重。

$w_1=(0.098,0.434,0.18,0.28)$

$w_2=(0.449,0.238,0.092,0.22)$

$w_3=(0.29,0.26,0.22,0.22)$

③计算熵权。

根据熵的计算方法,计算出每个类型评价者对于这些评价指标的熵权以及差异化系数,然后采用公式7.3进行归一化处理。

$w'_1 = [0.30, 0.18, 0.28, 0.25]$

$w'_2 = [0.16, 0.26, 0.31, 0.28]$

$w'_3 = [0.23, 0.24, 0.26, 0.26]$

④计算组合权重。

采用公式(7.4)可以得到各类型评价者的指标权重。

$I_1 = [0.129, 0.342, 0.221, 0.307]$

$I_2 = [0.321, 0.276, 0.127, 0.275]$

$I_3 = [0.274, 0.256, 0.235, 0.235]$

7.2.3 方案满意度计算

在进行方案满意度决策时,利益相关者已经获得了各自决策指标的权重,同时又知道各利益相关者决策权重已经确定,其计算过程如下步骤。

(1)单个利益相关者的满意度计算

①构造满意度模糊判断矩阵。

设有1个待决策方案($S_1, S_2, \cdots, S_l$),决策者采用9级语言变量对这些方案进行满意度评价。语言变量S来表示其满意度评价结果,根据评价结果,$S=(S_0$=非常差,S_1=很差,S_2=差,S_3=稍差,S_4=一般,S_5=稍好,S_6=好,S_7=很好,S_8=非常好)。根据评价结果,根据表7.2将其转换为梯形模糊数,并采用符号距离进行计算,可以构造出i类型利益相关者对于方案k满意度的模糊判断矩阵R_{ik}。

②计算满意度评价结果。

根据该类型利益相关者对于满意度影响因素的权重计算结果,可以得到他们对于这些指标的权重向量$I_{ij} = (I_{i1}, I_{i2}, \cdots, I_{im})$。将对于方案$k(k=1, 2, \cdots, l)$满意度的模糊判断矩阵$R_{ii}$与评价指标的权重向量$I_{ij}$进行模糊合成,即可以得到利益相关者$i$对于方案$k$的最终的满意度评价结果$SSI_{ii} = RO_{ii} \otimes I_{iJ}$。

(2)方案满意度计算

根据上述的计算过程,可以得到每个利益相关者i对于1个方案的满意度SSI_{ik},结合各利益相关者在方案满意度决策中的权重II_i,可以计算出每个方案的满意度SSI_l,其中$SSI_l = II_i \otimes SSI_{il}$。由此,可以计算得到每个方案的满意度$SSI_l$($l=1, 2, \cdots, k$),最终选择方案满意度最高的那个方案为初始决策结果。

(3)算例

结合7.2.2中的案例,3个类型的评价者对3个方案进行评价,设其决策权重为(0.2, 0.3, 0.5),以满意度最高的方案为最终决策方案。

表7.5 案例分析中的方案满意度评价结果

类型1	评价者1				评价者2				评价者3			
方案	X1	X2	X3	X4	X1	X2	X3	X4	X1	X2	X3	X4
1	S_1	S_3	S_4	S_2	S_1	S_4	S_5	S_6	S_8	S_3	S_8	S_3
2	S_3	S_4	S_6	S_5	S_4	S_5	S_8	S_5	S_3	S_4	S_4	S_5
3	S_5	S_6	S_8	S_3	S_8	S_4	S_6	S_4	S_2	S_4	S_7	S_3
类型2	评价者1				评价者2				评价者3			
方案	X1	X2	X3	X4	X1	X2	X3	X4	X1	X2	X3	X4
1	S_6	S_1	S_5	S_4	S_2	S_2	S_4	S_1	S_5	S_1	S_7	S_1
2	S_4	S_7	S_3	S_8	S_8	S_5	S_2	S_2	S_4	S_2	S_3	S_5
3	S_2	S_2	S_2	S_6	S_0	S_1	S_3	S_4	S_1	S_4	S_6	S_2
类型3	评价者1				评价者2				评价者3			
方案	X1	X2	X3	X4	X1	X2	X3	X4	X1	X2	X3	X4
1	S_4	S_3	S_4	S_5	S_7	S_2	S_4	S_1	S_5	S_2	S_2	S_5
2	S_2	S_1	S_1	S_2	S_4	S_1	S_0	S_4	S_5	S_8	S_4	S_7
3	S_4	S_6	S_2	S_6	S_1	S_2	S_2	S_1	S_2	S_5	S_6	S_2

①计算各类型评价对于3个方案的满意度。

结合表7.2并根据上述各评价者对方案的满意度评价结果，构建各类型评价中的模糊判断矩阵。

类型1评价者：

$$\begin{bmatrix} 15 & 35 & 50 & 20 \\ 15 & 50 & 65 & 80 \\ 95 & 35 & 95 & 35 \end{bmatrix}, \begin{bmatrix} 35 & 50 & 80 & 65 \\ 50 & 65 & 95 & 65 \\ 35 & 50 & 50 & 65 \end{bmatrix}, \begin{bmatrix} 65 & 80 & 95 & 35 \\ 95 & 50 & 80 & 50 \\ 20 & 50 & 85 & 35 \end{bmatrix}$$

类型2评价者：

$$\begin{bmatrix} 80 & 15 & 65 & 50 \\ 20 & 20 & 50 & 15 \\ 65 & 15 & 85 & 15 \end{bmatrix}, \begin{bmatrix} 50 & 85 & 35 & 95 \\ 95 & 65 & 20 & 20 \\ 50 & 20 & 35 & 65 \end{bmatrix}, \begin{bmatrix} 80 & 80 & 80 & 80 \\ 5 & 15 & 35 & 50 \\ 15 & 50 & 80 & 20 \end{bmatrix}$$

类型3评价者：

$$\begin{bmatrix} 50 & 35 & 50 & 65 \\ 85 & 20 & 50 & 15 \\ 35 & 20 & 20 & 65 \end{bmatrix}, \begin{bmatrix} 20 & 15 & 15 & 20 \\ 50 & 15 & 5 & 50 \\ 65 & 95 & 50 & 85 \end{bmatrix}, \begin{bmatrix} 50 & 80 & 20 & 80 \\ 15 & 20 & 20 & 15 \\ 20 & 65 & 80 & 20 \end{bmatrix}$$

计算各类型评价者对各方案满意度的评价结果。

类型1：

方案1：(41.67,40,70,45)

方案2：(40,55,75,65)

方案3：(60,60,86.78,40)

类型2：

方案1：(55,16.67,66.67,26.67)

方案2：(65,56.67,30,60)

方案3：(65,48.33,65,50)

类型3：

方案1：(56.67,25,40,48.33)

方案2：(45,41.67,23.33,51.67)

方案3：(28.33,55,40,38.33)

②计算各方案的满意度。

结合各类型评价者的满意度计算结果，可以得到每个方案的满意度。

SSI_1：42.3696，SSI_2：49.3704，SSI_3：45.8299。

由此可以得到方案2的满意度最高，以此作为初始的评价结果。

7.2.4 利益相关者影响力分析

利益相关者的影响力是指他们拥有的对可持续建设实施影响的权力，而决定他们实施权力的主要因素为他们的满意度。满意度越高，则他们行使权力去影响方案的可能性越小，满意度越低，则他们行使权力去影响方案的可能性越大。利益相关者的影响力主要由两个部分构成，满意度和权力。基于此，本研究采用方案对利益相关者需求的满足程度与他们理想满足程度的差距来表示他们的满意度。差距越大，则他们行使权力去影响方案实施的可能性越大，反之越小。为了衡量利益相关者对各方案的满意度评价与其理想满意度之间的差距，本研究采用基于梯形模糊数的TOPSIS方法来进行利益相关者影响力分析，其主要步骤如下。

(1) 构造方案模糊判断的规范化矩阵

结合第 i 类型利益相关者对于方案 k 满意度的模糊判断矩阵 R_{ik}，可以构造出 i 类型利益相关者的方案模糊判断矩阵 $D_i = (d_{jk})_{16 \times m}$

$$D_i = \begin{bmatrix} d_{11} & d_{12} & \cdots & d_{1m} \\ d_{21} & d_{22} & \cdots & d_{2m} \\ \cdots & \cdots & d_{jk} & \cdots \\ d_{n1} & d_{n2} & \cdots & d_{nm} \end{bmatrix}$$

其中，d_{jk} 表示第 i 类型利益相关者对于方案 k 的第 j 个满意度影响因素的判断结果均值。由于所有的满意度影响因素的判断结果均是越大越好，因此，d_{jk} 的规范化值 r_{jm} 可以通过线性转换得到，如公式7.5所示：

7 基于利益相关者的基础设施项目可持续建设方案决策研究

$$r_{jk} = \frac{d_{jk} - d_{j\min}}{d_{j\max} - d_{j\min}} \tag{7.5}$$

其中,$d_{j\max}$是矩阵中第j列中的最大值,$d_{j\min}$是矩阵中第j列中的最小值。

从而可以得到包含评价指标权重的方案规范化矩阵V。

$$V_{jk} = r_{jk} I_j \tag{7.6}$$

(2)构建正负理想方案满意度

根据方案规范化矩阵V_{jk},可以确定出正负理想方案满意度,其中PID代表最理想的方案满意度,而NID代表最不理想的方案满意度,其计算过程如公式7.7和7.8。

$$\text{PIN} = S_j^+ = \max_j V_{jk} = (V_1^+, V_2^+, \cdots, V_n^+) \tag{7.7}$$

$$\text{NID} = S_j^- = \min_j V_{jk} = (V_1^-, V_2^-, \cdots, V_n^-) \tag{7.8}$$

(3)计算各方案到正负理想满意度的距离d_k^+和d_k^-

$$d_k^+ = \sqrt{\sum_{j=1}^{n}(v_{jk} - v_j^+)^2}$$

$$d_k^- = \sqrt{\sum_{j=1}^{n}(v_{jk} - v_j^-)^2}$$

其中,d_k^+表示方案K到理想满意度的距离,而d_k^-表示方案K到最不理想满意度的距离。这两个距离都能够表示利益相关者对于各方案的不满意程度,d_k^+越大,表示不满意度越高,而d_k^-越大,则代表不满意程度越小。在本研究中,采用d_k^+来代表利益相关者对于方案K的不满意程度。

(4)计算各利益相关者的影响力

通过上述的计算过程,可以得到利益相关者i对于方案K的不满意程度d_k^+,其中,$k=(1,2,\cdots,m)$。然而,由于利益相关者i对于所有方案的满意度评价中,不同方案的满意度还呈现出差异。d_k^+值最大的方案,代表了利益相关者对于方案评价中的最低满意度,其决定了利益相关者是否实施拥有的权力去影响方案的实施。基于此,利益相关者影响力的计算过程如公式7.9。

$$SF_i = SEP \times d_i^+ \tag{7.9}$$

其中,$d_i^+ = \max(d_k^+), k=1,2,\cdots,m$。

由此可以得到基于利益相关者影响力的决策权重IF_i,其计算过程如公式7.10。

$$IF_i = \frac{SF_i}{\sum_{i=1}^{n} SF_i} \tag{7.10}$$

(5)算例

①构造各类型的方案模糊判断的规范化矩阵。

结合上一节算例中的模糊判断矩阵,可以构造出各类型评价者的方案模糊判断的规范化矩阵 D。

$$D_1=\begin{bmatrix} 41.67 & 40 & 70 & 45 \\ 40 & 50 & 75 & 65 \\ 60 & 60 & 86.78 & 40 \end{bmatrix}$$

$$D_2=\begin{bmatrix} 55 & 16.67 & 66.67 & 26.67 \\ 65 & 56.67 & 30 & 60 \\ 65 & 48.33 & 65 & 50 \end{bmatrix}$$

$$D_3=\begin{bmatrix} 56.67 & 25 & 40 & 48.33 \\ 45 & 41.67 & 23.33 & 51.67 \\ 28.33 & 55 & 40 & 38.33 \end{bmatrix}$$

$$R_1=\begin{bmatrix} 0.0835 & 0 & 0 & 0.2 \\ 0 & 0.75 & 0.29 & 1 \\ 1 & 1 & 1 & 0 \end{bmatrix}$$

$$R_2=\begin{bmatrix} 0 & 0 & 1 & 0 \\ 1 & 1 & 0 & 1 \\ 1 & 0.79 & 0.95 & 0.69 \end{bmatrix}$$

$$R_3=\begin{bmatrix} 1 & 0 & 1 & 0.75 \\ 0.58 & 0.56 & 0 & 1 \\ 0 & 1 & 1 & 0 \end{bmatrix}$$

$I_1=[0.129, 0.342, 0.221, 0.307]$

$I_2=[0.321, 0.276, 0.127, 0.275]$

$I_3=[0.274, 0.256, 0.235, 0.235]$

$$V_1=\begin{bmatrix} 0.01 & 0 & 0 & 0.061 \\ 0 & 0.243 & 0.064 & 0.307 \\ 0.129 & 0.342 & 0.221 & 0 \end{bmatrix}$$

$$V_2=\begin{bmatrix} 0 & 0 & 0.127 & 0 \\ 0.321 & 0.276 & 0 & 0.275 \\ 0.321 & 0.218 & 0.0635 & 0.189 \end{bmatrix}$$

$$V_3=\begin{bmatrix} 0 & 0 & 0.235 & 0.1765 \\ 0.159 & 0.143 & 0 & 0.235 \\ 0 & 0.256 & 0.235 & 0 \end{bmatrix}$$

由此可以得到:

PID1=(0.129, 0.342, 0.221, 0.307)

PID2=(0.321, 0.276, 0.127, 0.275)

PID3=(0.159, 0.256, 0.235, 0.235)

②采用正负理想满意度的距离 d_k^+,可以计算出各类型评价者对于这些方案的评价距离其理想满意度的距离。

类型1：

方案1的 d_k^+=0.49

方案2的 d_k^+=0.38

方案3的 d_k^+=0.31

类型2：

方案1的 d_k^+=0.51

方案2的 d_k^+=0.12

方案3的 d_k^+=0.16

类型3：

方案1的 d_k^+=0.26

方案2的 d_k^+=0.31

方案3的 d_k^+=0.75

假设各类型评价者对方案实施所拥有的权力比例为(0.15,0.25,0.60)，由此可以得到基于评价者影响力的权重(0.11, 0.19, 0.70)。

7.2.5　方案一致性分析

方案一致性分析是在对各利益相关者对于方案满意度进行分析的基础上,结合各利益相关者的影响力,寻找到选择最多的方案。其主要步骤如下：

(1)方案选择偏好信息集结

根据7.2.3中利益相关者满意度分析过程,可以得到每个类型利益相关者对于各方案的满意度计算结果,由此可知他们对方案的排序结果。基于利益相关者满意度的方案排序严格按照满意度的大小来进行,其两两方案之间主要存在如下三种关系：

$S_{ik}-S_{ik-1}=0$,则表示方案 S_{ik} 和 S_{ik-1} 一致、没有区别；

$S_{ik}-S_{ik-1}>0$,则表示 S_{ik} 优于 S_{ik-1}；

$S_{ik}-S_{ik-1}<0$,则表示 S_{ik} 劣于 S_{ik-1}。

同时,方案之间的关系还存在传递性,若 S_{ik} 优于 S_{ik-1},而 S_{ik+1} 优于 S_{ik},那么 S_{ik+1} 显著优于 S_{ik}。

由此,可以构造出基于利益相关者满意度的方案选择偏好的变量集 S,变量的设置必须结合方案的个数来进行,同时还应满足如下条件：若 $\alpha > \beta$,则 $S_\alpha > S_\beta$；且存在负算子 $neg(S_\alpha)=S_{-\alpha}$。同时,方案选择偏好变量满足如下的运算法则：

设 $S_\alpha, S_\beta \in \bar{S}, \mu \in [0,1]$,

① $\mu S_\alpha = S_{\mu\alpha}$;

② $S_\alpha \oplus S_\beta = S_{\alpha+\beta}$;

③ $\mu(S_\alpha \oplus S_\beta) = \mu S_\alpha \oplus \mu S_\beta$;

④ $S_\alpha \oplus S_\beta = S_\beta \oplus S_\alpha$。

（2）构造方案选择偏好矩阵

根据利益相关者对于方案选择偏好信息集结结果，i 类型利益相关者对于任意两方案 X_i, X_j 之间的语言判断结果 $S\alpha_{ij}^i$，且 $S\alpha_{ij}^i \in S$。由此，可以构造出 i 类型利益相关者对于方案集的判断矩阵 $A^i = (S\alpha_{ij}^i)_{m \times m}$。

$$A^i = \begin{bmatrix} Sa_{11}^i & Sa_{12}^i & \cdots & Sa_{1m}^i \\ Sa_{21}^i & Sa_{22}^i & \cdots & Sa_{2m}^i \\ \cdots & \cdots & Sa_{ij}^i & \cdots \\ Sa_{m1}^i & Sa_{m2}^i & \cdots & Sa_{mm}^i \end{bmatrix}$$

其中，$S\alpha_{ii}^i = S_0$，$S\alpha_{ji}^i = neg(S\alpha_{ij}^i)$，$i = 1, 2, \cdots, m$。

（3）方案选择偏好的加权均值

结合上述的方案选择偏好矩阵，可以得到任意类型利益相关者对于方案集中两两方案 X_i, X_j 的选择偏好变量 $\{Sa_{ij}^1, Sa_{ij}^2, \cdots, Sa_{ij}^m\}$。结合基于利益相关者影响力的权重，可以得到各类型利益相关者对于方案 X_i, X_j 的加权均值 $S\bar{a}_{ij}$，计算过程如公式7.11。

$$S\bar{a}_{ij} = Sa_{ij}^i \otimes IF_i / m \tag{7.11}$$

（4）方案选择偏好的偏离度

根据公式7.11可以得到利益相关者对于方案 X_i, X_j 的加权均值 $S\bar{a}_{ij}$，结合各类型利益相关者的方案选择偏好矩阵，可以计算出方案对 X_i, X_j 中各类型利益相关者选择偏好的分歧度。

徐泽水（2006）将语言变量偏离度定义为：设 $S_\alpha, S_\beta \in S$，则称 $|S_\alpha, S_\beta| = |\beta - \alpha|$ 为语言变量 S_α, S_β 偏离度。程发新、杨姝颖（2008）将语言变量偏离度方差定义为：$S_{\alpha i} \in \bar{S}$，且 $\bar{S}$ 的容量为 n，则 $\bar{d} = \frac{1}{n}\sum_{i=1}^{n}(\alpha_i - \bar{\alpha})^2$ 为 $\bar{S}$ 的语言变量偏离度方差。

基于此，各类型利益相关者对于方案对 X_i, X_j 选择偏好的分歧度的计算过程如公式7.12所示。

$$\bar{d}_{ij} = \frac{1}{m}\sum_{i=1}^{m}(IF_i S\alpha_{ij}^i - S\bar{a}_{ij})^2 \tag{7.12}$$

加权语言偏离度方差 d_{ij} 越小,表示利益相关者对于方案选择分歧程度越小,则一致性程度越高。

(5)计算方案一致性

通过公式7.12的计算,可以得到所有方案集中两两方案之间的利益相关者选择偏好的分歧程度,由此可以构造出基于利益相关者选择偏好的方案偏离度矩阵 $\overline{D}_{(m \times m)}$。

$$\overline{D} = \begin{bmatrix} \overline{d}_{11} & \overline{d}_{12} & \cdots & \overline{d}_{1m} \\ \overline{d}_{21} & \overline{d}_{22} & \cdots & \overline{d}_{2m} \\ \cdots & \cdots & \overline{d}_{ij} & \cdots \\ \overline{d}_{m1} & \overline{d}_{m2} & \cdots & \overline{d}_{mm} \end{bmatrix}$$

通过计算出方案偏离度矩阵 $\overline{D}_{(m \times m)}$ 中每一行或者每一列元素的和,可以得到各类型利益相关者对于任意方案与其他方案的选择偏好分歧程度,即方案的分歧程度 d'_i,计算公式如公式7.13所示。

$$d'_i = \sum_{j=1}^{m} d'_{ij} \tag{7.13}$$

d'_i 越大,代表各利益相关者对于方案 i 的一致性程度越低,即代表利益相关者对于方案 i 的选择中还存在很大程度的分歧。d'_i 越小,则一致性程度越低,即利益相关者的分歧程度越小。

若利益相关者对方案满意度判断中的最大者,与一致性分析中的最小者一致,即该方案为最终决策的方案。若不同,则还需对方案进行重新调整。

(6)算例

按照上述的算例,计算各方案的一致性。

①根据7.2.2的算例计算结果,可以知道各类型评价者对各方案的满意度。根据方案的满意度计算结果,可以知道各类型评价者的方案排序,结果如下:

类型1:方案2>方案3>方案1

类型2:方案2>方案3>方案1

类型3:方案1>方案2>方案3

由此可以构造出各类型的方案偏好选择矩阵:

$$A_1 = \begin{bmatrix} S_0 & S_{-2} & S_{-1} \\ S_2 & S_0 & S_1 \\ S_1 & S_{-1} & S_0 \end{bmatrix}, A_2 = \begin{bmatrix} S_0 & S_{-2} & S_{-1} \\ S_2 & S_0 & S_1 \\ S_1 & S_{-1} & S_0 \end{bmatrix}, A_3 = \begin{bmatrix} S_0 & S_1 & S_2 \\ S_{-1} & S_0 & S_1 \\ S_{-2} & S_{-1} & S_0 \end{bmatrix}$$

②计算各方案选择偏好的加权均值和偏离度。

表7.6 案例分析中的选择偏好的加权均值和偏离度

方案对	选择偏好信息	加权均值	偏离度
方案1和方案2	(S_2, S_2, S_{-1})	$S_{-0.1}$	0.2331
方案1和方案3	(S_1, S_1, S_{-2})	$S_{-1.1}$	1.2460
方案2和方案3	(S_{-1}, S_{-1}, S_{-1})	S_{-1}	0

③由此可以构造方案选择偏好的偏离度矩阵。

$$\begin{bmatrix} 0 & 0.2331 & 1.2460 \\ 0.2331 & 0 & 0 \\ 1.2460 & 0 & 0 \end{bmatrix}$$

最终得到各类型评价者的方案选择偏好的分歧程度分别为：

方案1：1.4791

方案2：0.2331

方案3：1.2460

各类型评价者对于方案2的选择偏好分歧程度最低。结合在7.2.3满意度计算结果，满意度最高的方案也是方案2。即表明，该算例的满意度与一致性一致，即最终决定方案2为最终选择的方案。

7.3 本章小结

本章在前文的研究结论基础上，阐述了基础设施项目可持续建设方案决策中利益相关者的特点、目标以及决策信息表达之后，构建了基于利益相关者的基础设施项目可持续建设方案决策模型。该模型根据利益相关者实证分析结果来构建决策权重，以满意度影响因素作为评价准则，在利益相关者对各方案进行判断的基础上，根据满意度和一致性分析结果确定最终的方案。基于利益相关者的基础设施项目可持续建设方案决策模型，首先以利益相关者的资源和风险的实证分析结果构建了重要性指数，以此作为满意度分析的决策权重，以模糊熵的方法来确定各满意度影响因素的评价权重，在利益相关者对各方案进行满意度分析之后，以他们的满意度和权力为基础构建了一致性分析的决策权重，并根据他们对方案的选择偏好进行一致性分析，最后将满意度分析的结果与一致性分析的结果进行比较，以此确定最终的方案。

8 结论与研究展望

本书在对国内外文献的整理、分析、归纳和总结的基础上,将理论与实践相结合、定性与定量分析相结合,从利益相关者参与的视角开展基础设施项目可持续建设方案决策的研究。本章将对前述各章的研究内容进行梳理,归纳出本研究的主要结论、创新点以及后续研究展望。

8.1 研究结论

① 构建了基于利益相关者的基础设施项目可持续建设方案决策框架。

本书首先阐述了利益相关者参与基础设施项目可持续建设方案决策过程的必要性,通过文献分析方法总结了利益相关者参与过程,并基于利益相关者参与决策的特点和原则,提供了基于利益相关者的基础设施项目可持续建设方案决策框架。该框架主要包括利益相关者识别、利益相关者分析、方案决策和结果确定4个步骤。此部分内容为本研究奠定了基础,后续的研究都是围绕该框架展开。

② 对基础设施项目可持续建设中的利益相关者进行实证分析。

本研究采用文献分析、小组讨论和专家判断方法识别基础设施项目可持续建设利益相关者,包括:政府、业主(包括开发方和投资方)、设计方、施工方、供应方、监理方、运营方、咨询方(包括评估机构)、科研机构、金融机构、周边社区、社会公众(包括非政府组织)、拆迁方。然后根据本研究所提出的项目利益相关者分析框架,对这13个利益相关者进行实证研究,最后的研究结果表明:不仅各利益相关者的贡献、风险和权力3个方面之间呈现出差异,同时各利益相关者之间在贡献、风险和权力3个方面也呈现出差异。最后,根据对基础设施项目可持续建设中的利益相关者在贡献、风险和权力的实证研究结果,将利益相关者分为4个类型:核心型利益相关者、关键型利益相关者、蛰伏型利益相关者和次要型利益相关者。

③ 识别并分析基础设施项目可持续建设方案满意度影响因素。

本研究从经济、社会、环境和技术4个方面识别出了可持续建设满意度的21个影响因素。对问卷调查结果采用Spearman秩相关系数检验,最终确定了基础设施项目可持续建设满意度影响因素16个,其中经济方面4个,环境方面3个,社会方面5个,技术方面4个。将问卷填写者进一步分为政府、业主、专业组织和社会大众4个类别。首先采用曼-惠特尼U检验,最后得到这4类利益相关者两两之间以及各类利益相关者对影响因素重要性的判断也存在一定程度的显著性差异。其中,政府更加重视经济和社会方面的内容,业主则关注项目的收益、安全以及质量等,而专业组织除了收益、安全和质量之外,还关注技术方面的内容,社会大众关注的内容比较全面。最后采用克鲁斯卡尔-沃利斯检验对这4个类型利益相关者在不同类型基础设施项目中的判断进行分析,发现在不同类型的项目中,各利益相关者对满意度影响因素的重要性判断也存在一定差异。

④ 揭示了利益相关者与可持续建设实践的关系。

根据本研究提出的利益相关者集成分析框架,提出影响利益相关者实施可持续建设的4个维度:权力、资源、风险和满意度,并结合可持续建设7个方面的实践活动进行问卷调查和结构方程模型分析,最终确定出这4个维度与可持续建设实践活动实施之间的关系。其中,利益相关者需求的满足是影响他们实施可持续建设的关键因素,他们的权力和风险则会对需求的满足产生显著影响,而其投入的资源与所承担的风险有紧密关系。

⑤ 构建了基于利益相关者的基础设施项目可持续建设方案的决策模型。

结合本研究所提出的基于利益相关者的基础设施项目可持续建设方案决策的4个步骤,利益相关者实证分析以及对满意度影响因素的探讨结果,根据利益相关者与可持续建设实践之间的关系,提出基于利益相关者的基础设施项目可持续建设方案的决策模型。该模型主要采用多属性的模糊群体决策的方法,以满意度和一致性作为决策的目标,以利益相关者在可持续建设中的重要性和影响力为基础分别构建满意度和一致性分析中的决策权重,同时,以模糊熵的方法来构建满意度评价权重,最后根据满意度和一致性分析结果进行方案决策,既确保了决策的公平性,又能最大限度上保障方案的顺利实施。

8.2　研究创新点

① 构建了利益相关者集成分析框架。

对多维细分法在项目管理领域中的应用研究文献进行分析,总结出了学者们所采用的利益相关者分析维度,并分析了现有利益相关者分析维度的缺陷,由此构建了利益相关者集成分析框架,该框架包括4个维度,即需求、贡献、风险和权力,以及3个分析模式,即重要性、影响力和满意度。利用该分析框架提出的5个分析维度和3个分析模式能够较为全面地对利益相关者进行分析,弥补了现有研究的不足,即只注重利益相关者某一个维度的分析,缺乏全面的分析视角。

② 揭示了利益相关者与可持续建设实施的关系机理。

本研究采用结构方程模型对利益相关者与可持续建设实践活动的关系进行分析,探讨了利益相关者4个维度与可持续建设实施之间的关系。结果表明,这4个维度均对可持续建设产生影响,而影响最为显著的则是他们需求的满足程度。根据对他们之间的关系进行结构方程分析,识别出了两条关键路径,即"资源→风险→满意度→可持续建设实践"和"权力→满意度→可持续建设实践"。其中,第一条关键路径对可持续建设实践是呈现出负面效应,而第二条关键路径对可持续建设实践则是呈现出正面效应。由此可见,对于那些投入资源较多,承担风险较大而权力较小的利益相关者,他们的需求不能得到满足,进而会影响到可持续建设实践活动的全面实施。因此,要在对利益相关者进行全面分析的基础上,满足他们的需求,才能有效地推动可持续建设实践活动的实施。

③ 从利益相关者的视角构建了基础设施项目可持续建设方案的决策模型。

本书借鉴利益相关者管理的思想,在对利益相关者参与过程的总结基础上,构建了基于利益相关者的基础设施项目可持续建设方案的决策模型。该模型在对利益相关者进行识别和分析的基础上,打破了传统多属性群体决策模式,以利益相关者的重要性为方案满意度分析权重,以影响力为方案一致性决策的权重,最后通过对满意度和一致性分析结果的探讨来确定最终的决策方案。本书将利益相关者管理的思想融入多属性群体决策过程中,既能够确保最终决策方案的顺利实施,又保障了决策过程的公正和公平。

8.3　后续研究展望

① 综合利益相关者不同的分析视角来构建利益相关者分析框架。

本书提出的利益相关者分析框架在多维细分法的研究成果基础上构建的,而多维细分法是一种二元的分析思维,将利益相关者作为一个整体进行考虑。本书提出的利益相关者分析框架所包括的4个维度中,利益相关者在每个维度中都呈现出相应的网络结构。通过对这4个维度之间的网络结构进行分析,探讨他们之间以及他们与项目之间的关系,能够更加准确地分析项目利益相关者,进而为采取有效的利益相关者管理措施奠定基础。

② 采用计算机决策支持系统来构建基于利益相关者的决策模型。

纵观本书所提出的基于利益相关者的基础设施项目可持续建设方案的决策模型,尽管其合理性和可行性已经通过检验,然而,其计算过程仍较为复杂,计算量较大。决策支持系统是以管理科学、运筹学、控制论和行为科学为基础,以计算机技术、仿真技术和信息技术为手段,针对决策问题建立或修改决策模型,并且对各种方案进行评价和优选,通过人机交互功能进行分析、比较和判断,为正确的决策提供必要的支持。采用计算机决策支持系统不仅能解决本书提出的决策模型中的计算量大的问题,还能为决策者提供多种不同的信息和资料。

③ 针对具体项目模式的基础设施项目进行探讨。

目前,基础设施项目在建设过程中采用的项目模式多种多样,包括了PPP模式、BOT模式、TOT模式等,以满足基础设施建设中的资金问题。基础设施项目建设过程中采用不同的项目模式,其利益相关者的各个维度特征会发生相应的变化,例如,PPP模式和BOT模式中,政府与业主之间在权力、资源以及风险等方面会呈现出差异。基础设施项目采用不同的项目管理模式时,各利益相关者的维度特征也会发生变化。本书在对利益相关者进行分析时,暂未考虑这些方面因素的影响。在后续的研究过程中,可以针对具体的项目模式以及项目管理模式进行具体分析。

主要参考文献

[1]白世贞,王海滨.基于熵值法的运输型物流企业顾客满意度研究[J].哈尔滨商业大学学报(社会科学版),2008(1):7-20.

[2]程发新,杨姝颖.语言判断矩阵偏好决策中群体对某方案满意度识别算法[J].运筹与管理,2008,17(1):53-56.

[3]程敏,陈辉.城市基础设施系统长效性评价研究[J].工业技术经济,2012,(11):84-88.

[4]储敏伟,文剑,贾松明.中国财政支出分析与展望[J].上海财经大学学报,2003,5(1):13-24.

[5]陈岩.大型建设项目可持续性动态评价研究[J].科技管理研究,2009(4):53-55.

[6]柴云,陈权,孙绍权.Fuzzy-AHP-TOPSIS法在多属性方案优选中的应用——基于油气田开发项目方案优选的研究[J].数学的实践与认识,2010,40(6):86-91.

[7]陈业华.投资项目方案最优决策的广义熵法[J].科研管理,1998,19(4):64-67.

[8]邓伟,吴祈宗.含语言评价信息的一种模糊多属性群决策方法[J].数学的实践与认识,2007,37(16):40-46.

[9]范如国,张宏娟.民生福祉评价模型及增进策略——基于信度.结构效度分析和结构方程模型[J].经济管理,2012(9):161-169.

[10]甘琳,傅鸿源,刘贵文,等.基于项目可持续性表现评价模型的公私合作制模式[J].城市发展研究,2010,17(2):104-109.

[11]甘琳,申立银,傅鸿源.基于可持续发展的基础设施项目评价指标体系的研究[J].土木工程学报,2009,42(11):133-138.

[12]郭庆军,赛云秀.基于熵权决策的项目方案评价[J].统计与决策,2007(6):50-51.

[13]韩传峰,刘亮,王忠礼.基于物元分析法基础设施系统可持续性评价[J].中国人

口·资源与环境,2009,19(2):116-121.

[14]郜建人,蒋时节.城市基础设施运营体制市场化改革的路径选择[J].经济体制改革,2004(4):45-48.

[15]黄山,柏琼.项目决策方案的多级模糊综合评价[J].兰州交通大学学报,2008,27(6):25-27,32.

[16]胡新朝.建设工程项目价值管理在设计阶段的应用——基于利益相关者理论的研究[D].天津:天津理工大学,2007.

[17]鞠芳辉,刘德学.建设项目方案环境影响的模糊PROMETHEE排序[J].管理工程学报,2003,17(3):85-89.

[18]贾生华,陈宏辉.利益相关者的界定方法述评[J].外国经济与管理,2002,24(5):13-18.

[19]蒋卫平,张谦,董留群,等.大型工程项目中内部利益相关者的影响分析[J].武汉理工大学学报(信息与管理工程版),2013,35(3):391-394,413.

[20]贾晓霞,杨乃定.西部开发项目的区域风险分析与对策[J].中国软科学,2003(3):110-115.

[21]吕萍,胡欢欢,郭淑苹.政府投资项目利益相关者分类实证研究[J].工程管理学报,2013,27(1):39-43.

[22]刘奇,王蓓,武丽丽.基于利益相关者理论的城市轨道交通项目需求分析[J].铁路工程造价管理,2010,25(5):22-26,56.

[23]柳林,陈钠,陈季华.城市轨道交通可持续发展评价指标体系研究[J].西南交通大学学报(社会科学版),2008,9(5):22-26.

[24]刘兴华.城市基础设施系统效益贡献度评价[J].中国人口·资源与环境,2009,19(3):136-139.

[25]卢毅.项目利益相关者分析的"四步法"[J].项目管理技术,2006(11):54-57.

[26]毛小平,陆惠民,李启明.我国工程项目可持续建设的利益相关者研究[J].东南大学学报(哲学社会科学版),2012,14(2):46-50.

[27]毛晔.城市大型基础设施可持续性因子研究[J].城市发展研究,2009,16(10):92-95,111.

[28]牛志平,朱嬿.城市轨道交通项目可持续性评价[J].清华大学学报(自然科学版),2007,47(3):319-322.

[29]任宏,陈婷,叶堃晖.可持续建设理论研究及其应用发展[J].科技进步与对策,2010,27(19):8-11.

[30]沈良峰.基于目标规划模型的工程项目多方案选择方法[J].工业技术经济,2005,24(8):124-125.

[31]沈岐平,杨静.建设项目利益相关者管理框架研究[J].工程管理学报,2010,24(4):412-419.

[32]孙瑞华,王新斌.基于项目优异度和层次分析法的项目决策体系——以海外油气项目为例[J].工业技术经济,2006,25(9):104-107.

[33]王进,李准,曹升元.加权灰靶决策模型在技术创新项目综合评价中的应用[J].科技进步与对策,2008,25(9):145-148.

[34]王进,许玉洁.大型工程项目利益相关者分类[J].铁道科学与工程学报,2009,6(5):77-83.

[35]王文学,尹贻林.天津站综合交通枢纽工程利益相关者管理研究[J].城市轨道交通研究,2008(9):4-6,24.

[36]王雪青,邴兴国,李海丽.基于模糊偏好关系的工程项目方案优选方法研究[J].科技进步与对策,2008,25(10):91-93.

[37]吴仲兵,姚兵,刘伊生.论政府投资代建制项目监管利益相关者的界定与分类[J].建筑经济,2011(1):48-51.

[38]许劲,任玉珑.项目关系质量、项目绩效及其影响关系实证研究[J].预测,2010,29(1):71-75.

[39]谢琳琳,杨宇.公共投资建设项目参与主体影响力研究[J].科技进步与对策,2012,29(18):21-25.

[40]许乃星,蒲之艳,张静晶,等.公路交通与经济发展适应性评价研究[J].交通运输工程与信息学报,2011,9(3):79-86.

[41]徐泽水.语言多属性决策的目标规划模型[J].管理科学学报,2006,9(2):9-17.

[42]余池明."十五"期间城市基础设施的投资需求和融资策略[J].城市发展研究,2001,8(4):6-10.

[43]杨秋波,王雪青.基于扎根理论的可持续建设与公众参与关系机理研究[J].软科学,2011,25(9):31-34,63.

[44]张合军,陈建国,贾广社,等.社会网络分析与建设工程绩效目标设置[J].科技进步与对策,2009,26(21):176-180.

[45]周君.民生视角下城市基础设施可持续建设的评价方法与协同监管[J].城市发展研究,2013,20(2):9-13.

[46]郑宪强.建设项目投资策划与决策方法论——可行性研究的反思[J].建筑经济,2010(2):64-67.

[47]赵志鹏,李显忠.基于模糊数学的城市地铁项目决策评价方法[J]。地下空间与工程学报,2010,6(2):1538-1541.